W0086265

GARTEN KÜCHE

DIE DR. OETKER GELING-GARANTIE

UNSER VERSPRECHEN

Liebe Leser*innen,

mit den Rezepten in unseren Koch- und Backbüchern möchten wir Sie und Ihre Lieben glücklich machen. Zum Glück braucht es den Erfolg, und den kaufen Sie mit jedem Dr. Oetker Buch gleich mit.

Dafür gibt es die Dr. Oetker Geling-Garantie. Sie ist unser Versprechen, dass alle Rezepte aus diesem Buch ganz einfach und sicher gelingen. Die Geling-Garantie startet schon bei der Zutatenliste: Alle Zutaten, die wir verwenden, sollten Sie leicht in Ihrem Supermarkt vor Ort einkaufen können. Jeder Zubereitungs-Schritt ist klar und einfach nachvollziehbar.

Eine Garantie können wir Ihnen aber auch deshalb mit gutem Gewissen geben, weil alle Rezepte dieses Buches von unserem erfahrenen Team entwickelt wurden. Anschließend haben wir jedes Gericht in einer ganz normalen Küche nachgekocht oder nachgebacken. Immer wieder. So lange, bis wir uns sicher waren, dass es gelingt. Und zwar auch bei Ihnen zu Hause.

Was wir versprechen, halten wir auch. Sollte beim Kochen oder Backen eines unserer Rezepte dennoch etwas danebengehen oder es Ihnen einfach nicht schmecken, dann lassen Sie es uns wissen. Schreiben Sie oder rufen Sie uns an! Wir werden das Rezept nochmals kritisch prüfen und Ihnen helfen herauszufinden, woran es gelegen haben könnte. Sie erreichen uns unter der Telefonnummer +49(0)89/548 2515-0. Oder schreiben Sie uns eine E-Mail unter: redaktion-oetker@zsverlag.de

Natürlich freuen wir uns aber auch über weitere Rückmeldungen und auch über Lob. Ihre Ideen, Kommentare und Fragen können Sie jederzeit auch über Facebook posten: www.facebook.com/Dr.OetkerVerlag. Wir sind für Sie da. Garantiert.

Mit herzlichen Grüßen
Ihre Dr. Oetker Redaktion

ALLGEMEINE HINWEISE ZU DEN REZEPTEN

UNSER TIPP

Lesen Sie vor der Zubereitung – besser noch vor dem Einkauf – das Rezept einfach einmal vollständig durch. Aus dem Zusammenhang werden die Zubereitungs-Schritte deutlicher.

PORTIONSANGABEN

Die Anzahl der Portionen finden Sie in jedem Rezept ausgewiesen.

ARBEITSSCHRITTE

Die Zutaten sind in der Reihenfolge ihrer Verarbeitung aufgeführt. Jeder Arbeitsschritt ist einzeln hervorgehoben und extra nummeriert. So haben wir die Rezepte für Sie auch entwickelt und ausprobiert.

ZUBEREITUNGSZEIT UND GARZEIT

Die angegebene Zubereitungszeit schließt die Dauer der Vorbereitung und die eigentliche Zubereitung mit ein. Sie ist ein Anhaltswert und kann je nach individuellem Geschick oder Übung natürlich ein wenig variieren. Längere Wartezeiten wie zum Beispiel Kühl- oder Abkühlzeiten oder auch Auftauzeit sind in der Regel nicht in der Zubereitungszeit enthalten. Einzige Ausnahme: In dieser Zeit sind parallel andere Arbeitsschritte zu tun. Die Garzeiten sind gesondert ausgewiesen. Bei einigen Rezepten setzt sich die Gesamt-Garzeit aus mehreren Teil-Garzeiten zusammen.

BACKOFENEINSTELLUNG UND BACKZEITEN

Die in den Rezepten angegebenen Backtemperaturen und Backzeiten sind Richtwerte, die je nach individueller Hitzeleistung Ihres Backofens über- oder unterschritten werden können. Prüfen Sie nach Beendigung der angegebenen Backzeit, ob das Gericht gar ist, bzw. machen Sie bei Teigen eine Garprobe. Die Temperaturangaben in diesem Buch beziehen sich auf Elektrobacköfen. Die Temperatur-Einstellungsmöglichkeiten für Gasbacköfen variieren je nach Hersteller, sodass wir keine allgemeingültigen Angaben machen können. Bitte beachten Sie deshalb bei der Einstellung des Backofens die Gebrauchsanleitung des Herstellers. Ein Backofenthermometer eignet sich dabei gut, um die Backofentemperatur im Blick zu haben.

EINSCHUBHÖHE

In den Rezepten in diesem Buch ist die Einschubhöhe immer dann die Mitte des Backofens, wenn nichts anderes angegeben ist.

HINWEISE ZU DEN NÄHRWERTEN

Bei den Nährwertangaben in den Rezepten handelt es sich um auf- bzw. abgerundete ganze Werte. Aufgrund von ständigen Rohstoffschwankungen und/oder Rezepturveränderungen bei Lebensmitteln kann es zu Abweichungen kommen. Die Nährwertangaben dienen daher lediglich Ihrer Orientierung und eignen sich nur bedingt für die Berechnung eines Diätplans.

ABKÜRZUNGEN UND SYMBOLE

EL	Esslöffel
TL	Teelöffel
Msp.	Messerspitze
Pck.	Packung/Päckchen
g	Gramm
kg	Kilogramm
ml	Milliliter
l	Liter
evtl.	eventuell
geh.	gehäuft
gestr.	gestrichen
gem.	gemahlen
ger.	gerieben
TK	Tiefkühlprodukt
°C	Grad Celsius

Kalorien-/Nährwertangaben

E	Eiweiß
F	Fett
Kh	Kohlenhydrate
kcal	Kilokalorie

Symbole

🕓	Zubereitungs-/Backzeit
+	Vegetarisch/Vegan
▲	Mit Alkohol

INHALTSVERZEICHNIS

Ratgeber

BACK TO THE ROOTS – ZURÜCK ZU DEN WURZELN!

Kommen Sie mit! Wir möchten Sie mit unseren Rezeptideen einladen zu einer gesunden, nachhaltigen und interessanten Reise durch die Jahreszeiten und ermutigen, den eigenen Garten für kreative kulinarische Erlebnisse zu nutzen.

Los geht's! Gehen Sie mit diesem Buch einfach mal zurück zu den Wurzeln – und das im doppelten Sinn: Selbst wieder bestimmen, welche gesunden Gemüse und Kräuter auf den Tisch kommen, und biologischen Anbau mit allen Sinnen erleben – das macht richtig Spaß! Dabei spielt es keine Rolle, ob Sie einen eigenen Garten haben oder mit Gleichgesinnten eine Anbaufläche pachten, ob Sie mit einem Hochbeet oder auf dem Balkon in kleinem Rahmen Pflanzen züchten und diese später für das gesunde Kochen verwenden.

Gärten machen glücklich! Zurück zu den Wurzeln heißt nicht nur der bewusste Schritt zum eigenen vitaminreichen Gemüse, sondern auch die Wiederentdeckung alter Sorten und dem für frühere Generationen selbstverständlichen Leben im Einklang mit der sich ständig wandelnden Natur. Gleichzeitig ist es der Verzicht auf lange Transportwege und unnötigen Verpackungsmüll.

GARTENFRISCHES GEMÜSE:
AM BESTEN JEDEN TAG

Holen Sie sich den Geschmack zurück

So schnell wie die eigenen Produkte kommt nichts anderes auf den Tisch – und das schmeckt man! Ob Urban Gardening oder Schrebergarten – wer selber anbaut, weiß die Ernte zu schätzen und wird so schnell nichts wegwerfen. Das muss man auch nicht – Einlagern, Tiefkühlen und Einkochen sorgen dafür, auch später noch Freude an den eigenen Produkten zu haben. Wichtig ist die richtige Auswahl und Menge an Gemüse, Salat und Obstsorten – nicht alles reift in jedem Gebiet und auch nicht in jedem Jahr. Einfach ausprobieren – es ist eine spannende Erfahrung, was im eigenen Garten gedeiht.

Das habe ich selbst geerntet

Ihre Kinder werden es Ihnen danken – nichts schmeckt so gut wie Erdbeeren, die Kinder selbst gepflückt haben. Der eigene Garten ist was für die ganze Familie. Und günstiger ist es auch noch – selbst kleine Gärten oder ein oder zwei Hochbeete liefern genug Gemüse, Salate, Kräuter und Obst, da durch die Fruchtfolge die Fläche auch mehrfach genutzt werden kann. Das senkt die Ausgaben und steigert das gute Gefühl der Unabhängigkeit.

Sie schaffen das!

Sich über Pflanzensorten informieren, den Anbau planen und dann selber säen, gießen und ernten ist die beste Garantie dafür, dass die Nahrungsmittel frei von Schadstoffen sind. Das ist gar nicht so schwer und man kann vieles ausprobieren, damit rund um das Jahr saisonal frisches Obst und Gemüse auf den Teller kommt.

Gartenfrisches Gemüse am besten jeden Tag

Einfacher kann man Gesundheit nicht zu sich nehmen: Gemüse enthält einen hohen Anteil an gesunden Kohlenhydraten und Ballaststoffen, sekundären Pflanzenstoffen, Mineralstoffen, Spurenelementen und Vitaminen. Außerdem haben die meisten Gemüsesorten einen geringen Energie- und hohen Wasseranteil. Gemüse ist sehr empfindlich gegen Luft-, Wärme-, Wasser- und Lichteinwirkung und sollte deshalb vorsichtig behandelt werden.

Gemüsesorten und ihre beliebtesten Vertreter:

• **Knollen- und Wurzelgemüse:** Kartoffeln, Knollensellerie, Möhren, Rübchen, Rettich
• **Blattgemüse:** Chicorée, Mangold, Spinat
• **Kohlgemüse:** Blumenkohl, Grünkohl, Rosenkohl, Weißkohl, Spitzkohl, Wirsing
• **Zwiebelgemüse:** Lauchzwiebeln, Knoblauch, Zwiebeln, Schalotten, Lauch
• **Hülsenfrüchte:** Bohnen, Erbsen
• **Fruchtgemüse:** Auberginen, Bohnen, Gurken, Kürbis, Paprikaschoten, Tomaten
• **Stängelgemüse:** Fenchel, Rhabarber, Staudensellerie
• **Blattsalate:** Salat ist der Inbegriff von Frische und Gesundheit. Als Vorspeise, Beilage oder Hauptgericht ist er fester Bestandteil einer bewussten Ernährung.
Die wichtigsten Salatsorten: Bataviasalat, Chicorée, Eichblattsalat, Eisbergsalat, Endiviensalat, Feldsalat (Ackersalat, Mauseohrsalat, Rapunzel oder Vogerlsalat), Friséesalat, Kopfsalat, Lollo rosso, Lollo bionda, Radicchio, Römersalat und Rucola (Rauke).

Gemüse und Salate aus dem Garten möglichst sofort verarbeiten, damit wenig Nähr- und Aromastoffe verloren gehen.

GEMÜSE SANFT ZUBEREITEN

Viele Gemüsesorten sind sehr empfindlich gegen Luft-, Wärme-, Wasser- und Lichteinwirkung. Damit keine wertvollen Nährstoffe verloren gehen, sollten Sie …

… Gemüse erst kurz vor der Zubereitung putzen.

… Gemüse nur bei Bedarf dünn schälen, z. B. mit dem Sparschäler oder Küchenmesser, dabei ungenießbare Pflanzenteile entfernen. Viele Vitamine und Mineralstoffe stecken in der Schale bzw. direkt darunter.

… Gemüse erst vor dem Zerkleinern kurz, aber gründlich unter kaltem Wasser abspülen und nie im Wasser liegen lassen.

… geschältes bzw. klein geschnittenes Gemüse nicht lange liegen lassen, sondern flott weiterverarbeiten. Sauerstoff färbt z. B. das helle Fruchtfleisch der Auberginen ins Bräunliche.

… Gemüse schonend durch Dünsten oder Dämpfen garen.

… Gemüse generell möglichst in wenig Flüssigkeit garen. Dünsten ist meist besser als Kochen.

… Gemüse stets nur so lange wie nötig, aber nicht so lange wie möglich garen. Viele Nährstoffe gehen sonst ns Kochwasser über.

… Gemüse-Kochwasser auffangen und weiterverwenden, z. B. für Saucen oder Suppen.

SALATE VORSICHTIG BEHANDELN

Entfernen Sie die äußeren und unansehnlichen Blätter.

Zerteilen Sie den Salatkopf in einzelne Blätter, dabei schlechte Stellen entfernen.

Waschen Sie die unzerteilten Blätter vorsichtig, aber gründlich in kaltem Wasser, stark verschmutzten Salat auch mehrmals. Dabei die Blätter nicht drücken oder im Wasser liegen lassen. Wenn Blätter zu lange im Wasser liegen, laugen sie aus.

Geben Sie die Blätter zum Abtropfen in ein Sieb oder nutzen Sie eine Salatschleuder.

Entfernen Sie grobe Stiele und harte Mittelrippen und zerpflücken Sie die Blätter in mundgerechte Stücke. Festere Salatsorten wie z. B. Chicorée oder Eisbergsalat können auch geschnitten werden.

Blattsalate immer erst unmittelbar vor dem Servieren mit der Sauce mischen, sonst fallen sie leicht zusammen.

FÜR EINE KÜCHE, IN DER WIRKLICH ALLES GESCHÄTZT WIRD

Wer im eigenen Garten oder Beet werkelt, Gemüse und Obst anbaut, weiß, wie viel Aufmerksamkeit, Zeit und auch Liebe Gärtner*innen investieren. Selbstverständlich ist dann die Freude über eine reichhaltige Ernte und der Respekt groß, den man der Natur dabei entgegenbringt. Gleiches gilt auch für Produkte, die man bei nachhaltig und umweltbewusst produzierenden Bio-Höfen, Marktständen oder Gemüsehändlern einkauft. Das ist der beste Grund dafür, möglichst auch alle Pflanzenteile der heimischen Feldfrüchte zu verwerten. Für unsere Großeltern war das ganz selbstverständlich: Nichts wurde weggeworfen, alles fand Verwendung. Ein Motto, das für bewusste Genießer auch heute gilt.

Häufig einfacher als gedacht ...

Grundsätzlich macht es Sinn, sich jede Gemüse- oder Obstsorte noch einmal genau anzuschauen. Manchmal ist es einfach Gewohnheit, dass wir viele ihrer Bestandteile unnötig wegwerfen. Diverse Putzabschnitte, Stiele, Schalen, Strünke und Blätter sind genießbar und lassen sich mit ein bisschen Kreativität als feine Leckereien auftischen. Häufig ist sogar das Putzen und/oder Schälen überflüssig, wenn man z. B. eine Gemüsebürste etwa für neue Kartoffeln oder Wurzelgemüse verwendet.

Verwerten statt wegwerfen: Blätter, Stiele, Strunk und Wurzeln

Grundsätzlich gilt: Will man tatsächlich alles – vom Blatt bis zur Wurzel – verwerten, sollte man ausschließlich Gemüse verwenden, das ohne künstliche Dünge- oder Pflanzenschutzmittel angebaut wurde. Bei Obst oder Gemüse aus dem Supermarkt oder vom Gemüsehändler empfiehlt sich das weniger, da dort weder Anbau noch ggf. eine Behandlung nach der Ernte 100-prozentig nachzuvollziehen sind.

Wer Wurzelgemüse, Kohl, Radieschen & Co. selbst erntet oder frische Bio-Feldware einkauft, hat sozusagen als Zugabe feines Grün bzw. zarte Blätter automatisch mit dabei. Das ist ein echter Pluspunkt, denn die Stiele und Blätter sind essbar, herrlich aromatisch und auch reich an Ballaststoffen, Mineralien und Vitaminen.

Zarte Triebblätter von Knollen- oder Wurzelgemüse wie etwa von Rote Bete, Möhren, Sellerie, Fenchel, Kohlrabi, Radieschen, Rettich, Mairübchen, Brokkolistrunk oder Blumenkohl eignen sich als Salatzutat oder fein gehackt als Topping. Radieschenblätter, Möhrengrün und Kräuterstiele lassen sich zu Pesto, Smoothies, Cremesuppen oder Salatdressings pürieren.

Die Stiele von Brokkoli, Mangold und Grünkohl können problemlos gegessen werden. Aus bei niedriger Temperatur im Backofen rascheltrocken gerösteten Sellerieblättern mixt man mit Salz eine feine Würzzutat. Möhrengrün schmeckt auch kurz frittiert und mit Salz und Curry gemischt sehr fein. Kartoffel- und Möhrenschalen lassen sich, mit Öl und Gewürzen gemischt, im Ofen zu knusprigen Chips backen. Putzabschnitte und Schalen von Gemüse, auch Kräuterstiele und Zwiebelschalen sind eine perfekte

Basis für eine selbst gekochte Brühe (Rezept siehe Seite 15). Wenn eine größere Menge davon nicht gleich verbraucht werden kann, lässt sich daraus z. B. auch eine Gemüsebrühe-Würze (siehe Rezept Seite 14) zubereiten, die durch das zugesetzte Salz dann länger haltbar ist.

Das Grundrezept für ein Pesto aus Gemüseblättern ist ganz einfach: Blätter und Öl in gleicher Menge abwiegen. Mit 2 Esslöffeln Nüssen, Pinienkernen, Mandeln, Sonnenblumenkernen oder Kürbiskernen und 1 Spritzer Zitronensaft fein pürieren. Mit Salz und gemahlenem Pfeffer abschmecken.

Dabei gilt: Je zarter die Pflanzenteile (Blätter, Schalen) sind, desto besser sind sie verdaulich. In größeren Mengen genossen, können ältere, ausgewachsene Blätter, feste Strünke oder Stiele, die einen hohen Zellulose- und damit Ballaststoff-Anteil enthalten, bei Menschen Verdauungsbeschwerden verursachen, die einen sensiblen Magen-Darm-Trakt haben.

In die Tonne ... muss fast gar nichts wandern

Keine Frage: Hat sich auf gelagertem Gemüse oder Obst Schimmel gebildet oder sind faule Stellen entstanden, kommt leider jede Mühe zu spät. Aus gesundheitlichen Gründen sollten Sie diese Lebensmittel auf keinen Fall verzehren. Bio-Gemüse/-Obst, gekauft oder aus dem eigenen Garten, taugt dann aber auf jeden Fall noch für den Kompost. Dort bearbeiten Mikroorganismen das Pflanzenmaterial und lassen daraus wieder wertvolle Gartenerde entstehen. Ein genialer Natur-Kreislauf, der uns fruchtbaren Boden und reiche Ernten für weitere Jahre schenkt. Für selbst geerntetes Gemüse, das aber einfach nur etwas überlagert oder ein bisschen runzelig geworden ist, hier unten drei genial einfache, aber raffinierte Tricks, mit denen Sie auch nicht mehr ganz „Taufrisches" perfekt auftischen. Nach dem Motto: Innere Werte zählen!

AUFGEPASST: NICHT ALLES DARF MAN GENIESSEN

Nicht alle Pflanzenteile sind grundsätzlich essbar! Blätter und grüne Teile von Nachtschattengewächsen – dazu gehören Tomaten- und Kartoffelpflanzen (hier auch grüne Schalenteile von Kartoffeln) oder auch Rhabarberblätter – enthalten Stoffe, die gesundheitsschädlich sein können.

3 TRICKS ZUR RESTEVERWERTUNG

Der Pürier-Trick
Gemüse putzen und grob würfeln. Mit Zwiebeln, Knoblauch, Kräutern in wenig Öl andünsten, mit Brühe und Sahne, alternativ Kokosmilch, Pflanzendrink oder passierten Tomaten aufgießen. Nach Belieben würzen und bei niedriger Temperatur gar köcheln lassen. Gemüse dann in der Garflüssigkeit sämig pürieren und zum Servieren würzig abschmecken.

Der Überback-Trick
Gemüse würfeln bzw. fein schneiden und z. B. mit vorgegarten Nudeln, Hülsenfrüchten oder Kartoffeln (oder auch Resten vom Vortag) und einer Eiersahne in eine Auflaufform schichten. Funktioniert übrigens auch prima mit altbackenen Brotscheiben! Alternativ den Gemüse-Eiersahne-Mix als Füllung auf einen herzhaften Quiche-/Tarteteig in eine Backform geben. Übrig geriebenen Lieblingskäse (Gouda, Emmentaler, Bergkäse, Mozzarella) daraufstreuen und alles goldbraun backen.

Der Verpack-Trick
Gemüse putzen und grob würfeln. Mit Zwiebeln, Knoblauch, Kräutern in wenig Öl kurz andünsten. Mit etwas Béchamelsauce (selbst zubereitet oder aus dem Tetrapack), Schmand, Crème fraîche oder Frischkäse verrühren und würzig abschmecken. Ganz einfach als herzhafte Füllung z. B. auf vorbereitete Pfannkuchen geben, aufrollen und servieren. Alternativ in Strudelteig, blanchierte Kohl-, Kohlrabi- oder Mangoldblätter einrollen bzw. zu Päckchen falten und sanft schmoren und/oder im Backofen zusätzlich mit Käse überbacken.

ERNTELUST OHNE EINKOCHFRUST

Viele Wochen hat man fleißig und mit viel Liebe in den Beeten gewerkelt, dann kommt die Zeit, in der die Belohnung für den Einsatz geerntet werden kann. Köstlicher und frischer als direkt aus dem eigenen Garten, lassen sich Gemüse und Obst nicht genießen. Doch was tun, wenn die Natur es so gut gemeint hat, dass man die anfallende Ernte gar nicht sofort verbrauchen kann? Hier zeigen wir Ihnen mögliche Konservierungsmethoden, mit denen Sie üppige Gartenschätze für die Wintermonate lagerfähig machen können.

Vor dem Start: Ein kurzer Küchencheck!

Knackiges Gemüse, frische Beeren und Co. haben Ihnen Lust gemacht, eigene Vorräte anzulegen? Bevor Sie im großen Stil starten, prüfen Sie kritisch, was in Ihrer Küche tatsächlich gern und viel auf den Tisch kommt. Lohnt sich die Mühe wirklich, beutelweise Rhabarber, Möhren oder Zucchini einzufrieren? Ist der Kauf einer Ausstattung zum Einkochen tatsächlich sinnvoll? Schade um Zeit, Aufwand und die guten Lebensmittel, wenn hergestellte Vorräte im Regal, Tiefkühler oder Gläsern dann doch keine Liebhaber finden. Deshalb ist hier weniger, aber das für Sie Passende, die richtige Entscheidung.

Von der Natur für den Wintervorrat vorgesehen

Mit einigen Schätzen des Gartens hat man leichtes Spiel. Zum Beispiel die Knollen der Kartoffel, Zwiebeln, Knoblauch, Samen von Hülsenfrüchten (Bohnenkerne, Erbsen), Wurzelknollen-Gemüse wie etwa Steckrüben oder auch Kürbisgewächse sind von Natur aus für den Wintervorrat vorgesehen. Gleiches gilt

UNSER KONFITÜREN-TIPP:

Sommerfrüchte (Beeren, Rhabarber, Sauerkirschen, Pflaumen) vorbereiten und portionsweise abgewogen einfrieren. Einkochzucker bevorraten. Die Früchte dann immer erst, wenn der Vorrat zur Neige geht, wieder frisch zu Konfitüre kochen. Vor allem Konfitüren, die zuckerreduziert eingekocht werden (1:2 oder 1:3), schmecken so wie aus frisch gepflückten Früchten gekocht, behalten ihre Farben und den herrlich fruchtigen Geschmack und Duft.
Weiteres Plus: So steht man auch nicht zu lange während der schönen Sommer-Erntemonate in der Küche.

für lagerfähige Obstsorten wie Äpfel oder Birnen. Oberstes Gebot beim Einlagern: Nur makellose Früchte, Kartoffeln oder Gemüse ohne Schadstellen auswählen.

Gut ausgereift, gesäubert, trocken, dunkel, kühl und gut durchlüftet, lassen sie sich mit wenig Aufwand auch für längere Zeit und ohne große Qualitätsverluste einlagern. Vorausgesetzt, man verfügt über einen geeigneten Lagerraum oder Keller, der mit gleichmäßiger frostfreier Temperatur (zwischen 2 bis 6 °C) und Luftfeuchtigkeit (um etwa 80 Prozent; so trocknet nichts zu schnell aus) gutes Lagern möglich macht. Kartoffeln, Zwiebeln und Kürbis (je nach Erntejahr, Sorte und Lagerung) bleiben so bis zu 5 Monate bzw. Kohlrüben (Steckrübe) 2–3 Monate verzehrtauglich.

Getrocknete Hülsenfrüchte (weiße Bohnenkerne, Feuerbohnen, Erbsen) wiederum sind auch bei Zimmertemperatur, z.B. im Küchenschrank in verschließbaren Gläsern, bis zu 2 Jahre haltbar.

Für lagerfähiges Obst sollte die Temperatur zwischen 5 bis 8 °C und, um möglichem Schimmel vorzubeugen, die Luftfeuchtigkeit etwa um 70 % liegen. Kleinere Mengen Obst lassen sich problemlos in der Gemüseschublade des Kühlschranks aufbewahren und auf diese Weise zwischen 2 bis 3 Monate knackig bevorraten. Allerdings sollten Gemüse und Obst grundsätzlich getrennt voneinander lagern.

Einfach, sicher und komfortabel: Lagern im Tiefkühler

Wer einen großen Tiefkühler besitzt, kann sich glücklich schätzen. Erfahrene Gärtner werden es bestätigen: Einfrieren ist die einfachste und schnellste Methode, um eine größere Erntemenge rasch zu verarbeiten, die sonst welk werden würde. Besonderer Vorteil dieses Verfahrens: Beim Einfrieren bleiben Farbe, Geschmack und viele gesunde Inhaltsstoffe gut erhalten. Vorausgesetzt, das Gemüse wird gleich nach der Ernte verarbeitet, kurz in kochendem Wasser blanchiert und rasch tiefgekühlt. Früchte und Kräuter müssen nicht vorbehandelt werden.

Hier ein Überblick, welche Gemüse- und Obstsorten gut zum Einfrieren geeignet sind:

Gemüse: Möhren, Erbsen, Kohlrabi, Lauch, Zucchini, Tomaten, Blumenkohl, Fenchel, Spinat, Blumenkohl, Brokkoli, Mangold, Sellerie, Rosenkohl, Bohnen (leider nur bedingt, da durchs Einfrieren ihre Konsistenz nachteilig verändert wird)

Früchte: alle Beerenarten, Pflaumen, Süß- und Sauerkirschen, Rhabarber

KLASSISCH UND WIEDER IM TREND: FERMENTIEREN

Leicht zu machen, aber nicht ohne: Gemüse fermentieren. Das heißt mithilfe von Salz wird zerkleinertes Gemüse haltbar gemacht. Klingt ganz einfach, bedarf aber einiger Erfahrung und vor allem einer sehr akkuraten, hygienischen Arbeitsweise, um Lebensmittel so lange haltbar und vor Verderb sicher zu machen. Dazu ist fermentiertes Gemüse nicht jedermanns Geschmack. Denn bei der Haltbarmachung bekommt das Gemüse eine säuerliche Geschmacksnote. Es gibt viele verschiedene Rezept-Anleitungen. Als Grund-Rezept kann man diese Mischung verwenden: gründlich gesäubertes, fein geschnittenes Gemüse (etwa Kohl, Bohnen, Kohlrabi) vorbereiten. Pro Kilogramm mit 10–20 Gramm feinem, naturbelassenen Salz nach und nach ohne Lufteinschlüsse! möglichst in spezielle säurebeständige Gärgefäße einschichten. Nicht mehr als 2 % des Gesamtgewichts an Salz zugeben! Das Gärgut beschweren, dicht, aber nicht fest abschließen, sodass entstehende Gärgase entweichen können. Lichtgeschützt bei 15–25 °C einige Tage, bis zu 8 Wochen durchgären lassen. Die Gärung ist abgeschlossen, sobald keine Gase mehr entstehen, d. h. sich keine Bläschen mehr bilden.

Obwohl diese Methode simpel umzusetzen ist, kann dabei einiges schiefgehen und das Einmachgut verderben und sogar gesundheitsschädlich sein. Deshalb: Wenn Fermentiertes schlecht oder untypisch riecht, sich Schimmel oder auf der entstandenen Flüssigkeit ein Film gebildet hat, das Eingelegte unbedingt entsorgen!

Für Garten-Profis: Einkochen, aber sicher!

Für alle, die jedes Jahr größere Mengen an Gemüse und Obst verarbeiten, lohnt sich eventuell auch die Anschaffung eines Einkochautomatens. Zusätzlich benötigt man dann ausreichend Einkochgläser mit Gummidichtung und Klammern. Vorteil: das Einkochgut braucht keine besondere Kühlung, ist problemlos Monate haltbar.

Vor dem Einkochen bitte genau die Gebrauchsanleitungen der Hersteller durchlesen und deren Einkochanleitungen und -zeiten beachten. Penible Sauberkeit und genaues Arbeiten sind hier Voraussetzung für sichere Einkoch-Vorräte. Bitte beachten Sie, dass bei unsachgemäßer Zubereitung die Gefahr besteht, dass im Einkochgut Mikroorganismen entstehen können (Stichwort Botulismus), die schwere Gesundheitsschäden verursachen können. Auch wenn diese Methode grundsätzlich für alle Gemüse- und Obstsorten geeignet ist, sollte man genau überlegen, ob man den besonderen Aufwand betreiben möchte, um seine Ernte so haltbar zu machen.

GEMÜSE	JANUAR	FEBRUAR	MÄRZ	APRIL	MAI	JUNI	JULI	AUGUST	SEPTEMBER	OKTOBER	NOVEMBER	DEZEMBER
Auberginen							●	●	●			
Blumenkohl					●	●	●	●	●	●	●	
Bohnen (Busch- & Stangenbohnen)						●	●	●	●	●		
Brokkoli					●	●			●	●		
Dicke Bohnen						●						
Endivien									●	●	●	
Erbsen, Zuckerschoten						●	●	●				
Feldsalat, Rapunzel	●	●	●								●	●
Gemüsefenchel							●	●	●	●		
Gemüsepaprika							●	●	●	●		
Grünkohl	●	●	●								●	●
Gurken							●	●	●			
Kartoffeln (früh)						●	●	●	●			
Kartoffeln (lagerfähig)							●					
Knoblauch							●					
Knollensellerie							●	●	●	●		
Kohlrabi					●	●	●	●	●			
Kopfsalat					●	●	●	●	●			
Kürbis							●	●	●			
Mangold							●	●	●	●		
Möhren, Gelbe Rüben, Karotten							●	●	●	●		
Lauchzwiebeln							●	●	●			
Lauch							●	●	●	●	●	●
Lollo rosso, Lollo bionda						●						
Pastinake									●	●	●	
Radicchio	●	●									●	
Radieschen				●	●	●	●	●	●	●		
Rettich					●	●	●	●	●	●		
Rhabarber				●	●	●						

	JANUAR	FEBRUAR	MÄRZ	APRIL	MAI	JUNI	JULI	AUGUST	SEPTEMBER	OKTOBER	NOVEMBER	DEZEMBER
Römischer Salat						●	●	●	●	●		
Rosenkohl	●	●								●	●	●
Rote Bete, Rote Rüben								●	●	●		
Rotkohl									●	●	●	
Rucola						●	●	●	●	●		
Spinat						●	●			●	●	
Stangensellerie, Staudensellerie								●	●	●	●	
Tomaten							●	●	●			
Spitzkohl						●				●	●	●
Steckrübe							●	●	●	●		
Weißkohl							●	●	●	●	●	
Wirsing							●	●	●	●		
Zucchini								●	●	●		
Zwiebeln							●	●	●			

OBST

	JANUAR	FEBRUAR	MÄRZ	APRIL	MAI	JUNI	JULI	AUGUST	SEPTEMBER	OKTOBER	NOVEMBER	DEZEMBER
Äpfel								●	●	●		
Birnen									●	●		
Brombeeren								●	●			
Erdbeeren						●	●	●	●			
Heidelbeeren							●	●	●			
Himbeeren							●	●	●			
Honigmelonen								●				
Johannisbeeren, rot							●	●	●			
Johannisbeeren, schwarz								●	●			
Sauerkirschen							●					
Süßkirschen							●					
Pflaumen, Zwetschgen								●	●			
Quitten									●	●		
Stachelbeeren							●					

BASIS-REZEPT: GEMÜSEBRÜHE-WÜRZE, SELBST GEMACHT

ZUTATEN FÜR 3 GLÄSER À 300 ML

2 Knoblauchzehen
2 Zwiebeln (etwa 120 g)
500 g Gemüse- und Kräuter-
   Abschnitte (etwa von Kohl, Lauch,
   Petersilie, Fenchel, Kohlrabi,
   Pastinake, Sellerie, Petersilienwurzel etc; von Bio-Gemüse oder
   Gemüse aus eigenem Anbau)
etwa 60 g Salz

ZUSÄTZLICH:

3 Twist-off-Gläser®
   (je etwa 300 ml Inhalt)

PRO GLAS:

E: 3 g, F: 0 g, Kh: 15 g, kcal: 88

1. Knoblauch und Zwiebeln abzie-hen und grob zerkleinern. Gemü-se- und Kräuter-Abschnitte putzen, gründlich waschen, abtropfen lassen und ebenfalls grob zerkleinern. Das vorbereitete Gemüse portionsweise in einem Blitzhacker fein mixen.

2. Gemüsemix abwiegen. Pro 100 g der Gemüsemischung 10–12 g Salz hinzugeben und alles gut vermischen. Den Würzmix fest in vorbereitete Gläser füllen. Gläser mit Twist-off-Deckeln verschließen.

TIPPS:
Die selbst gemachte Gemüsebrühe-Würze ist kühl und dunkel gelagert mindestens 6 Monate haltbar.

Um die Gemüsebrühe-Würze por-tionsweise zu entnehmen, sollten Sie stets einen sauberen Löffel ver-wenden.

BASIS-REZEPT:
ZERO-WASTE-GEMÜSEBRÜHE

ZUTATEN FÜR 8 PORTIONEN

FÜR DIE GEMÜSEBRÜHE:

1 Bio-Zwiebel
1 Knoblauchzehe
mindestens 800 g Putzabschnitte
  von Bio-Gemüse (etwa von Möhre,
  Stauden- und/oder Knollensellerie,
  Lauch, Weiß-, Spitz-, China- und/
  oder Wirsingkohl, Fenchel, Kräuterstiele, Tomatenkerne, Spargel-
  schalen, Pastinake, Kohlrabi,
  Brokkoli, Pilzabschnitte, Zwiebelschalen, Blumenkohlstrunk,
  Zucchini)
1 TL schwarze Pfefferkörner
1 Lorbeerblatt

NACH BELIEBEN ZUSÄTZLICH ZUM MITKOCHEN UND ABSCHMECKEN:

einige Zweige Thymian
2 Gewürznelken
2–3 Pimentkörner
1–2 EL getrocknete Pilze
Soja- oder Worcestersauce

FÜR DIE EINLAGE:

2 Möhren, 1 Stück Lauch
2 Stangen Staudensellerie
  (plus etwas Grün)

PRO PORTION:

E: 5 g, F: 7 g, Kh: 14 g, kcal: 137

1. Für die Brühe Zwiebel mit der Schale halbieren. Einen Suppentopf erhitzen. Die Zwiebelhälften darin ohne Fett auf den Schnittflächen kräftig braun anrösten. Mit etwa 2 Litern Wasser ablöschen.

2. Knoblauch abziehen, halbieren. Vorbereitete, klein geschnittene Gemüse-, Kräuter-Putzreste/-Abschnitte und Knoblauch hinzugeben. Etwa 2 Teelöffel Salz, Pfefferkörner, Lorbeerblatt und nach Belieben die weiteren Gewürze und ggf. getrocknete Pilze hinzugeben. Alle Zutaten zum Kochen bringen und bei schwacher bis mittlerer Hitze etwa 1 Stunde kochen lassen.

3. Den Gemüsebrühen-Ansatz durch ein feines Sieb in einen weiteren Topf gießen. Mit Salz, Pfeffer und nach Belieben Soja- oder Worcestershiresauce abschmecken.

4. Die Brühe als Basis weiterverwenden oder für eine Suppe für 4 Portionen etwa 1 Liter der Brühe aufkochen.

5. Möhren, Lauch und Selleriestangen putzen, gründlich abspülen, abtropfen lassen. Möhren in feine Stifte, Sellerie in feine Scheiben und Lauch in Ringe schneiden. Das Gemüse in der Brühe mit noch leichtem Biss garen. Brühe nochmals abschmecken.

TIPP:

Sie können zusätzlich Grießklößchen in die Suppe geben.

FRÜHLING

Die Tage werden länger, die Blüten verzaubern die Natur und nach den dunklen Wintermonaten kommt mit den ersten Frühlingsgefühlen auch die Lust auf Farben und Frische. Das Grün der Bohnen und der Erbsen, das Rot der Radieschen und der ersten Erdbeeren bringt sofort gute Laune in die Küche und frische knackige Vitamine auf den Teller. Die Frühlingszwiebeln oder die Mairübchen haben die neue Jahreszeit schon im Namen – neue Kartoffeln, der erste Blumenkohl oder junger Spinat erweitern die Palette an kulinarischen Möglichkeiten und machen Lust auf bunte Abwechslung von Frankfurter Grüner Soße bis Rhabarber-Crumble. Frühgemüse wird immer geerntet, bevor es ganz reif ist. Es ist empfindlich, hat einen sehr feinen Geschmack und eignet sich besonders gut für eine schonende Zubereitung im Dampfgarer. Und wenn noch eingelagerte Gemüse wie Möhren, Sellerie, Lauch, Äpfel und Kartoffeln übrig sind, können kreative Kombinationen wie ein Kohlrabi-Apfel-Süppchen oder ein Rettich-Caprese serviert werden.

🕐 Zubereitungszeit: 35 Minuten
   Garzeit: etwa 15 Minuten
➕ Vegetarisch

KOHLRABI-APFEL-SÜPPCHEN

ZUTATEN FÜR 4 PORTIONEN

2 mittelgroße Kohlrabi
   (geschält etwa 400 g)
1 großer Apfel, z. B. Boskop
   oder Elstar
1 kleine Zwiebel
2 EL Butter
1 EL Weizenmehl
750 ml Gemüsebrühe
250 g Schlagsahne
Zitronensaft
40 g Radieschensprossen
4 EL Crème fraîche

PRO PORTION:

E: 6 g, F: 36 g, Kh: 16 g, kcal: 417

1. Kohlrabi putzen, schälen, abspülen, abtropfen lassen und grob würfeln. Den Apfel abspülen, abtrocknen, vierteln und entkernen. Apfelviertel mit der Schale grob zerkleinern. Die Zwiebel abziehen und klein würfeln.

2. Butter in einem Topf zerlassen. Kohlrabiwürfel und Apfelstücke darin unter Rühren andünsten. Mit Mehl bestäuben und kurz mitdünsten lassen. Brühe hinzugießen, mit Salz würzen. Die Zutaten zum Kochen bringen und etwa 15 Minuten bei schwacher Hitze kochen lassen.

3. Den Topf von der Kochstelle nehmen. Die Sahne hinzugießen. Die Suppe mit einem Pürierstab fein pürieren und anschließend durch ein feines Sieb (Haarsieb) passieren. Mit Salz, Zucker und Zitronensaft abschmecken. Das Süppchen nochmals erwärmen, aber nicht kochen lassen.

4. Radieschensprossen abspülen und trocken tupfen. Das Kohlrabi-Apfel-Süppchen in Suppentassen anrichten, mit Crème fraîche und den Radieschensprossen garnieren.

KOHLRABI

Kohlrabi schmeckt angenehm süßlich und kaum nach Kohl, seine Konsistenz ist fest und saftig. Die Knolle enthält Vitamin C und E sowie Folsäure und Selen, außerdem Kalium, Magnesium, Eisen und Kupfer. Die jungen Blätter sind wegen ihres hohen Gehalts an Vitaminen und Mineralstoffen wertvoll und können mitverarbeitet werden. 100 g geputzter Kohlrabi liefert etwa 24 kcal. Kühl gelagert bleibt Kohlrabi etwa 1 Woche frisch. Von Mai bis Oktober können Sie Kohlrabi ernten.

🕐 Zubereitungszeit: 45 Minuten
Garzeit: Nocken etwa 10 Minuten
Garzeit: Gemüse etwa 11 Minuten
+ Vegetarisch

KOHLRABI-MÖHREN-GEMÜSE MIT GRIESSNOCKEN

ZUTATEN FÜR 2 PORTIONEN

FÜR DIE SESAM-GRIESSNOCKEN:

10 g geschälte Sesamsamen
100 ml Gemüsebrühe
20 g Butter oder Margarine
60 g Dinkelgrieß
1 Ei (Größe M)

FÜR DAS GEMÜSE:

1 Kohlrabi (etwa 300 g)
300 g Möhren
1 Bund Lauchzwiebeln
    (etwa 150 g)
1 EL Speiseöl
100 ml Gemüsebrühe
½ Bund Koriander
ger. Muskatnuss
1–2 TL Zitronensaft

PRO PORTION:

E: 14 g, F: 20 g, Kh: 37 g, kcal: 384

1. Für die Grießnocken Sesam in einer Pfanne ohne Fett unter Wenden goldbraun rösten, herausnehmen und auf einem Teller erkalten lassen.

2. Brühe und Butter oder Margarine in einem Topf zum Kochen bringen. Grieß unter Rühren einstreuen. So lange mit einem Kochlöffel weiterrühren, bis sich die Masse als Kloß vom Topfboden löst. Die Grießmasse in eine Rührschüssel geben. Zuerst Sesam, dann das Ei unterrühren. Die Grießmasse mit Salz würzen und etwas abkühlen lassen.

3. Für das Gemüse Kohlrabi und Möhren putzen, schälen, abspülen, abtropfen lassen und in dünne, etwa 4 cm lange Stifte schneiden. Lauchzwiebeln putzen, abspülen, abtropfen lassen und schräg in etwa 2 cm lange Stücke schneiden.

4. In einem breiten Topf etwa 2 ½ Liter Wasser zum Kochen bringen. 1–2 Teelöffel Salz hinzufügen. Von der Grießmasse mit zwei kalt abgespülten Esslöffeln 12 Nocken abstechen und in das siedende Wasser (Wasser darf sich nur leicht bewegen) geben. Nocken in etwa 10 Minuten ohne Deckel gar ziehen lassen.

5. Speiseöl in einem Topf erhitzen. Kohlrabi- und Möhrenstifte darin andünsten. Brühe hinzugießen und zum Kochen bringen. Das Gemüse etwa 8 Minuten bei schwacher Hitze dünsten.

6. In der Zwischenzeit Koriander abspülen, trocken tupfen (einige Spitzen zum Garnieren beiseitelegen) und die Blättchen von den Stängeln zupfen.

7. Lauchzwiebelstücke zu dem Gemüse in den Topf geben und etwa 3 Minuten bei schwacher Hitze mitgaren.

8. Das Gemüse mit Salz, gemahlenem Pfeffer, Muskat und Zitronensaft würzen. Zwei Drittel der Korianderblättchen unterheben. Das Gemüse auf einer Platte anrichten.

9. Die Nocken mit einer Schaumkelle aus dem Salzwasser nehmen, abtropfen lassen und auf dem Gemüse verteilen. Mit restlichen Korianderblättchen bestreuen und mit beiseitegelegten Korianderspitzen garnieren.

TIPP:

Anstelle des frischen Korianders können Sie auch Kerbel oder Petersilie verwenden.

CREMESUPPE VOM KOPFSALAT MIT RÖSTPILZEN

ZUTATEN FÜR 4 PORTIONEN

1 große Zwiebel (etwa 75 g)

150 g neue Kartoffeln

125 g Erbsen (frisch oder TK)

½ Bund glatte Petersilie

2 Stängel frische Minze

4 EL Butter

ger. Muskatnuss

750 ml Gemüsebrühe

2 große Freiland-Kopfsalate
   (insges. etwa 600 g)

4 EL gehobelte Mandeln

150 g rosé Champignons

150 g Crème fraîche

PRO PORTION:

E: 11 g, F: 32 g, Kh: 16 g, kcal: 403

1. Zwiebel abziehen und grob würfeln. Kartoffeln evtl. sehr gründlich abbürsten oder Kartoffeln schälen. Kartoffeln grob würfeln. Frische Erbsen abspülen, abtropfen lassen. Petersilie und Minze abspülen, trocken tupfen und die Blättchen von den Stängeln zupfen. Blättchen zugedeckt in den Kühlschrank legen. Stängel grob hacken.

2. In einem Topf die Hälfte der Butter zerlassen. Kartoffel-, Zwiebelwürfel und Kräuterstängel darin andünsten. Mit Salz, gemahlenem Pfeffer und Muskat würzen. Brühe hinzugießen. Die Zutaten etwa 15 Minuten kochen lassen.

3. In der Zwischenzeit aus den Salatköpfen die zarten Herzen mittig herauslösen. Salatherzen für ein anderes Gericht verwenden, in einem angefeuchteten Geschirrtuch im Kühlschrank lagern. Restliche kräftige Salatblätter abspülen, abtropfen lassen und grob zerschneiden.

4. Mandeln in einer Pfanne ohne Fett unter Wenden anrösten, auf einen Teller geben. Champignons putzen, evtl. kurz abspülen und gut trocken tupfen. Champignons in Scheiben schneiden. Beiseitegelegte Kräuterblättchen klein schneiden. Restliche Butter in der Pfanne zerlassen. Die Champignonscheiben darin goldbraun braten. Mit Salz und Pfeffer würzen, Kräuter untermischen.

5. Die Erbsen mit in die Brühe geben und alles weitere etwa 5 Minuten kochen lassen. Dann den Kopfsalat hinzugeben, unterrühren und alles einmal kurz aufkochen lassen.

6. Die Zutaten in der Brühe fein pürieren, mit Crème fraîche verfeinern. Nach Belieben die Suppe durch ein feines Sieb passieren, nochmals erhitzen und abschmecken.

7. Die Cremesuppe in vorgewärmten, tiefen Tellern anrichten. Mit Champignons, beiseitegelegten Kräutern und Mandeln bestreuen und servieren.

SPITZKOHL-RAHMTOPF MIT PULLED LACHS

ZUTATEN FÜR 4 PORTIONEN

2 mittelgroße Zwiebeln (etwa 100 g)

500 g vorwiegend festkochende
   Kartoffeln

600 g zarter Spitzkohl

2 mittelgroße Möhren (etwa 100 g)

1 EL Speiseöl

ger. Muskatnuss

750 ml kräftige Gemüsebrühe

150 g Schlagsahne

½ kleine Bio-Zitrone
   (unbehandelt, ungewachst)

1 Bund Dill

250 g heiß geräucherter Lachs
   (Stremel-Lachs oder Lachsforelle)

PRO PORTION:

E: 21 g, F: 25 g, Kh: 26 g, kcal: 429

1. Zwiebeln abziehen und in Spalten schneiden. Kartoffeln schälen, abspülen, abtropfen lassen und ebenfalls in Spalten schneiden. Spitzkohl putzen, abspülen und abtropfen lassen. Den Kohl halbieren, Strunk und dicke Blattrippen herausschneiden. Den Kohl in etwa 2 cm feine Stücke schneiden. Möhren putzen, schälen, abspülen, abtropfen lassen und in feine Stifte schneiden.

2. Speiseöl in einem Topf erhitzen. Die Zwiebelspalten darin unter Wenden goldbraun anbraten. Dann Kartoffelspalten, Möhrenstifte und Kohlstücke hinzugeben und alles unter Wenden etwa 3 Minuten anrösten. Mit Salz, gemahlenem Pfeffer und Muskat würzen.

3. Brühe und Sahne hinzugießen, zum Kochen bringen und unter gelegentlichem Rühren 20–25 Minuten (je nach Zartheit des Kohls) bei schwacher Hitze gar kochen lassen.

4. In der Zwischenzeit Zitrone heiß abwaschen, abtrocknen und etwa ½ Teelöffel Zitronenschale fein abreiben. Dill abspülen, trocken tupfen und die Spitzen von den Stängeln zupfen. Dill klein schneiden.

5. Lachs in feine Stückchen zupfen, mit Dill, Zitronenschale und etwas gemahlenem Pfeffer mischen.

6. Spitzkohl-Rahmtopf nochmals mit den Gewürzen abschmecken, in Tellern verteilen und mit dem Pulled Lachs anrichten.

🕐 Zubereitungszeit: 30 Minuten,
ohne Abkühlzeit
Blanchierzeit: etwa 2 Minuten
➕ Vegetarisch

RUCOLA-ZUCKERSCHOTEN-SALAT MIT KARTOFFELDRESSING

ZUTATEN FÜR 4 PORTIONEN

200 g Zuckerschoten
1 Kohlrabi (etwa 250 g)
1 gelbe Paprikaschote (etwa 200 g)
½ Salatgurke (etwa 175 g)
1 dickes Bund Radieschen
   (etwa 300 g)
125 g Rucola (Rauke)

FÜR DAS KARTOFFELDRESSING:

150 g gegarte Pellkartoffel,
   z. B. vom Vortag
etwa 200 ml Gemüsebrühe
2 EL Olivenöl
½–1 TL mittelscharfer Senf
½–1 TL flüssiger Honig
2 EL Zitronensaft
1 EL Balsamico-Essig
1 TL klein geschnittene TK-Petersilie

PRO PORTION:

E: 6 g, F: 6 g, Kh: 19 g, kcal: 155

1. Von den Zuckerschoten die Enden abschneiden, Schoten evtl. abfädeln. Zuckerschoten abspülen, abtropfen lassen und in kochendem Salzwasser etwa 2 Minuten blanchieren. Danach mit kaltem Wasser abschrecken und abtropfen lassen. Zuckerschoten evtl. quer halbieren und abkühlen lassen.

2. Kohlrabi schälen, abspülen und abtropfen lassen. Kohlrabi in feine Stifte schneiden. Paprikaschote halbieren, entstielen, entkernen und die weißen Scheidewände entfernen. Schote abspülen, abtropfen lassen und in kleine Würfel schneiden.

3. Die Salatgurke abspülen, abtrocknen und das Ende abschneiden. Gurke längs halbieren, entkernen und in dünne Scheiben schneiden.

4. Von den Radieschen die Wurzelenden und das Grün entfernen. Radieschen abspülen, trocken tupfen und in dünne Scheiben schneiden.

5. Rucola verlesen und dicke Stängel abschneiden. Rucola abspülen, gut abtropfen lassen oder trocken schleudern und evtl. etwas kleiner zupfen.

6. Für das Kartoffeldressing die Pellkartoffel pellen und in Stücke schneiden. Die Kartoffelstücke und die Gemüsebrühe in einen hohen Rührbecher geben.

7. Die Zutaten mit einem Pürierstab so fein pürieren, dass ein cremiges Dressing entsteht. Anschließend das Olivenöl, den Senf und den Honig hinzufügen und unterrühren.

8. Das Kartoffeldressing mit Zitronensaft, Balsamico-Essig, Salz und gemahlenem Pfeffer abschmecken. Zuletzt die Petersilie unterrühren.

9. Vor dem Servieren Zuckerschoten, Kohlrabistifte, Paprikawürfel, Gurken- und Radieschenscheiben mit Rucola vermischen und auf Tellern verteilen.

10. Das Kartoffeldressing auf den Salat träufeln.

BEILAGE:

Servieren Sie 250 g frisches Baguette als Beilage. Sie können auch zusätzlich noch 4 hart gekochte Eier (Größe M) in Achtel schneiden und mit unter den Salat mischen.

TIPPS:

Wer es noch etwas würziger mag, rührt jeweils noch ½ Esslöffel mehr Zitronensaft und Balsamico-Essig mit unter das Kartoffeldressing. Wenn Sie keine frischen Zuckerschoten bekommen, können Sie auch TK-Zuckerschoten verwenden. Diese nach Packungsanleitung garen, mit kaltem Wasser abschrecken und abtropfen lassen.
Wenn Sie keinen Rucola mögen, ersetzen Sie ihn durch Kopfsalat.

SCHWEDISCHER ERDBEERSALAT

ZUTATEN FÜR 4 PORTIONEN

FÜR DEN SALAT:

150 g Langkornreis
3 Hähnchenbrustfilets
3 EL Olivenöl
1 Grapefruit
250 g frische Erdbeeren

FÜR DIE MARINADE:

1 TL abgetropfte grüne Pfefferkörner
   (in Lake)
2 EL Himbeeressig
etwas Chilipulver

PRO PORTION:

E: 28 g, F: 8 g, Kh: 37 g, kcal: 343

1. Für den Salat den Reis in kochendem Salzwasser nach Packungsanleitung zubereiten (der Reis soll locker und körnig sein).

2. In der Zwischenzeit die Hähnchenbrustfilets mit Küchenpapier abtupfen, mit Salz und gemahlenem schwarzen Pfeffer würzen.

3. Einen Esslöffel Olivenöl in einer Pfanne erhitzen. Die Hähnchenbrustfilets darin von allen Seiten gut anbraten, dann bei mittlerer bis starker Hitze etwa 10 Minuten garen, dabei 1–2-mal wenden.

4. Hähnchenbrustfilets aus der Pfanne nehmen und abkühlen lassen. Den gegarten Reis in einem Sieb gut abtropfen und abkühlen lassen.

5. Die Grapefruit so schälen, dass die weiße Haut mit entfernt wird. Die Grapefruitfilets mit einem scharfen Messer zwischen den Trennhäuten herausschneiden, dabei den Saft auffangen. Die Trennhäute ausdrücken und davon ebenfalls den Saft auffangen. Grapefruitspalten in Stücke schneiden.

6. Für die Marinade die Pfefferkörner mit einem großen Messer fein hacken. Die Pfefferkörner mit Himbeeressig, Salz, Chili, 5 Esslöffeln Grapefruitsaft und restlichem

Olivenöl (etwa 2 Esslöffel) gut verrühren.

7. Die abgekühlten Hähnchenbrustfilets zunächst längs halbieren, dann quer in kleine Stücke schneiden.

8. Den Reis mit den Hähnchen- und Grapefruitstücken und der Marinade vermischen. Den Salat mit 2–3 Esslöffeln Grapefruitsaft sowie Chili und evtl. etwas Salz abschmecken.

9. Die Erdbeeren abspülen, abtropfen lassen und entstielen. Anschließend die Erdbeeren der Länge nach in Scheiben schneiden und kreisförmig auf eine große Platte legen. In die Mitte den Reissalat geben.

BOWL MIT SÜSSSAUREM RETTICH UND STEAKSTREIFEN

ZUTATEN FÜR 4 PORTIONEN

1 Bund glatte Petersilie
½ Bund Basilikum
200 g Vollkorn-Langkornreis
2 Knoblauchzehen
3 EL Pflanzenöl zum Braten
475 ml Brühe
150 g Erbsen (frisch oder TK)

600 g Rindersteaks
   (aus Keule oder Rücken)
2 EL hoch erhitzbares Pflanzenöl

750 g weißer oder schwarzer Rettich
1 EL Butter
1–2 TL milder flüssiger Honig
   (etwa Raps- oder Blütenhonig/
   Frühtracht)
3–4 EL Zitronensaft oder heller Essig
   (etwa Apfel-, Weißwein- oder
   heller Balsamico-Essig)
evtl. etwas Cayennepfeffer

1 kleiner Kopf Radicchio (etwa 150 g)
75 g geröstete und gesalzene
   Erdnusskerne

PRO PORTION:

E: 48 g, F: 38 g, Kh: 51 g, kcal: 766

1. Petersilie und Basilikum abspülen, trocken tupfen und die Blättchen von den Stängeln zupfen. Blättchen zugedeckt in den Kühlschrank legen. Die Stängel fein hacken. Reis abspülen und abtropfen lassen. Knoblauch abziehen, 1 Zehe fein schneiden.

2. Einen Esslöffel Pflanzenöl in einem Topf erhitzen, Knoblauch und Kräuterstängel darin andünsten, den Reis hinzugeben. Brühe hinzugießen, zum Kochen bringen und den Reis nach Packungsanleitung garen.

3. In den letzten 5 Minuten der Garzeit Erbsen zum Reis geben, unterrühren und mitgaren lassen.

4. Die Steaks mit Küchenpapier abtupfen, mit dem Pflanzenöl von beiden Seiten bestreichen. Eine Grill- oder normale Pfanne hoch erhitzen. Die Steaks darin von jeder Seite 2–3 Minuten kräftig anrösten, auf einen Teller geben und zugedeckt etwa 10 Minuten ziehen lassen.

5. In der Zwischenzeit den Rettich putzen, schwarzen Rettich schälen, weißen Rettich nach Belieben nur gründlich unter fließendem kalten Wasser abbürsten und trocken tupfen. Rettich in 3–4 cm lange und 1 cm breite Stifte schneiden.

6. Restlichen Knoblauch in Scheibchen schneiden. Butter und restliches Pflanzenöl in einer großen Pfanne zerlassen bzw. erhitzen, die Knoblauchscheiben darin goldbraun braten. Auf Küchenpapier abtropfen lassen. Rettich im verbliebenen Bratfett bei mittlerer Hitze von allen Seiten goldbraun anbraten. Mit Honig beträufeln und leicht karamellisieren. Dann mit Zitronensaft oder Essig ablöschen, alles durchschwenken, mit Salz, gemahlenem Pfeffer und nach Belieben Cayennepfeffer würzen. Rettich zugedeckt 5–8 Minuten mit noch leichtem Biss dünsten.

7. Radicchio verlesen, in Blätter teilen, gründlich abspülen, trocken schleudern und in feine Streifen schneiden.

8. Erdnusskerne grob hacken und unter den Reis mischen. Glasierten Rettich nochmals abschmecken. Die Steaks mit Salz und gemahlenem Pfeffer würzen und in breite Streifen schneiden. Reis mit glasiertem Rettich, Radicchio und Steakstreifen anrichten. Kalt gestellte Kräuterblättchen klein schneiden und darüberstreuen.

EXTRA-TIPP:
Der glasierte Rettich schmeckt auch abgekühlt als Antipasti. Mit körnigem Frischkäse und z. B. Brot serviert, wird daraus ein leichtes, vollwertiges, aber blitzschnell serviertes Essen.

RETTICH-CAPRESE
MIT RUCOLA-PESTO UND MOZZARELLA

ZUTATEN FÜR 4 PORTIONEN

800 g weißer Rettich
3 EL Olivenöl zum Braten

50 g Pinienkerne oder Mandeln
60 g breitblättriger Rucola
2 große Stängel Basilikum
2 Knoblauchzehen
100 ml kalt gepresstes Olivenöl
2–3 EL Zitronensaft

250 g abgetropfter Büffelmozzarella
oder Burrata (ital. Weichkäse)
200 g Tomaten

PRO PORTION:

E: 16 g, F: 52 g, Kh: 7 g, kcal: 584

1. Den Rettich putzen, dabei zartes Rettichgrün beiseitelegen. Rettich gründlich unter fließendem kalten Wasser abbürsten, trocken tupfen und in etwa ½ cm feine Scheiben schneiden.

2. Jeweils etwas Olivenöl in einer großen beschichteten Pfanne erhitzen. Die Rettichscheiben darin portionsweise bei starker Hitze unter Wenden in 3–4 Minuten goldbraun anbraten. Mit Salz und gemahlenem Pfeffer würzen und leicht überlappend, wie ein Carpaccio, auf 4 Tellern verteilen.

3. Pinienkerne oder Mandeln in einer Pfanne ohne Fett unter Wenden rösten, auf einem Teller erkalten lassen. Rucola verlesen und die dicken Stiele abschneiden. Rucola und Basilikum abspülen, trocken tupfen und grob hacken. Knoblauch abziehen und würfeln. Knoblauch mit etwas Salz zu einer Paste zerreiben.

4. Knoblauch, Rucola, Pinienkerne oder Mandeln und Olivenöl in einen hohen Rührbecher geben und fein pürieren. Mit Zitronensaft, Salz und Pfeffer abschmecken. Das Pesto über die Rettichscheiben träufeln.

5. Mozzarella oder Burrata in Scheiben schneiden und auf dem Rettich anrichten. Tomaten abspülen, trocken tupfen, halbieren und die Stängelansätze herausschneiden. Tomaten fein würfeln.

6. Mozzarellascheiben mit Tomatenwürfeln und Pfeffer bestreut anrichten. Rettichgrün abspülen, trocken tupfen, grob hacken und darüberstreuen.

EXTRA-TIPP:
Bereiten Sie vom Rucola-Pesto gleich eine größere Portion zu. Im Kühlschrank gelagert hält es sich 3–4 Tage frisch. Es schmeckt auch köstlich zu Pasta, gerösteten Ofenkartoffeln, Steckrüben-Wedges oder Auberginen aus dem Backofen.

RUCOLA

Rucola oder Rauke hat einen angenehm scharfen bis bitteren, pfefferartigen, leicht nussartigen und senfähnlichen Geschmack. Rucola ist reich an Kalium und Kalzium. Rucola wird hauptsächlich als Salat verwendet, aber auch klein geschnitten als Ergänzung zu Nudel- und Kartoffelsalaten. In ein feuchtes Küchenpapier eingeschlagen oder in einer aufgeblasenen, verschlossenen Frischhaltetüte hält sich Rucola im Kühlschrank etwa 2 Tage. Rucola aus dem Freiland wird vom späten Frühling bis zum Herbst geerntet.

GEBRATENER RÖMERSALAT MIT BALSAMICO-ZWIEBEL-DRESSING

ZUTATEN FÜR 4 PORTIONEN

50 g Pinienkerne

6 große rosé Champignons

2 rote Zwiebeln

4–5 EL milder Balsamico-Essig

1 TL körniger Senf

1 TL flüssiger Honig

6 EL Olivenöl

4 mittelgroße Köpfe Römersalat

1 Knoblauchzehe

1 EL Butter

2 reife, aromatische Birnen, z. B. Williams Christ

150 g Kochschinken, in feinen Scheiben

200 g körniger Frischkäse

PRO PORTION:

E: 22 g, F: 28 g, Kh: 18 g, kcal: 434

1. Pinienkerne in einer Pfanne ohne Fett unter Wenden anrösten. Auf einen Teller geben und erkalten lassen.

2. Champignons putzen, evtl. kurz abspülen, gut trocken tupfen und in Scheiben schneiden.

3. Zwiebeln abziehen. Eine Zwiebel in feine Würfel schneiden. Die andere Zwiebel zunächst in Scheiben schneiden, dann in Ringe teilen. Zwiebelwürfel mit Essig, Senf, 1 Esslöffel Wasser, Salz, gemahlenem Pfeffer und Honig verschlagen. 4 Esslöffel Olivenöl unterschlagen.

4. Salat putzen, abspülen, trocken tupfen und die äußeren, dunkelgrünen, kräftigen Blätter ablösen. Blätter in ein sauberes, angefeuchtetes Geschirrtuch wickeln und im Kühlschrank lagern und für ein anderes Gericht (siehe Tipp) verwenden. Salatherzen längs halbieren oder vierteln. Knoblauch abziehen und fein schneiden.

5. Butter und restliches Olivenöl in einer großen Pfanne zerlassen bzw. erhitzen. Die Zwiebelringe, Knoblauch und Champignonscheiben darin anbraten. Mit Salz und Pfeffer würzen und auf einen Teller geben.

6. Salatstücke im verbliebenen Bratfett unter Wenden von allen Seiten in 2–3 Minuten zartbraun braten. Mit Salz und Pfeffer würzen. Mit der Hälfte des Dressings beträufeln und alles kurz durchschwenken.

7. Birnen abspülen, trocken reiben oder schälen. Die Birnen halbieren, entkernen und in feine Spalten schneiden. Schinken in Streifen schneiden. Die gebratenen Salatspalten, Birnenspalten, Schinkenstreifen und Frischkäse auf einer großen Platte anrichten. Champignon-Zwiebel-Mix und das restliche Dressing darauf verteilen. Die Pinienkerne daraufstreuen.

TIPP:

Die abgelösten und beiseitegelegten kräftigen Blätter des Römersalats können für eine cremige Suppe, wie z.B. die Cremesuppe vom Kopfsalat auf Seite 22, verwendet werden.

BLUMENKOHL-PFANNE
MIT ORECCHIETTE-NUDELN

ZUTATEN FÜR 4 PORTIONEN

4 Eier

2 Lauchzwiebeln

75 g roher Schinken, in Scheiben

50 g Butter

4 EL Semmelbrösel

1 TL abger. Schale von 1 Bio-Zitrone
(unbehandelt, ungewachst)

500 g vorbereitete Blumenkohlröschen

2 EL Speiseöl, z. B. Rapsöl

125 ml Gemüsebrühe

200 g Schlagsahne

ger. Muskatnuss

250–300 g Orecchiette
(Öhrchennudeln)

1 TL Weizenmehl

PRO PORTION:

E: 25 g, F: 39 g, Kh: 64 g, kcal: 710

1. Eier in kochendem Wasser wachsweich kochen. In der Zwischenzeit die Lauchzwiebeln putzen, abspülen, abtropfen lassen und in Scheiben schneiden. Schinken in Streifen schneiden. Butter in einer großen Pfanne zerlassen. Schinkenstreifen darin knusprig braten, herausnehmen und auf Küchenpapier abtropfen lassen. Semmelbrösel und Zitronenschale in dem verbliebenen Bratfett unter Rühren goldbraun rösten, herausnehmen und auf einem Teller abkühlen lassen. Die Eier abschrecken und warm stellen.

2. Die frischen Blumenkohlröschen abspülen und trocken tupfen. Speiseöl zum Bratfett in die Pfanne geben. Blumenkohlröschen darin unter vorsichtigem Wenden leicht anbraten. Lauchzwiebelscheiben hinzugeben und kurz mitbraten lassen. Mit Brühe und der Hälfte der Sahne ablöschen. Mit Salz, gemahlenem Pfeffer und Muskat würzen. Die Zutaten zum Kochen bringen und zugedeckt etwa 5 Minuten dünsten.

3. In der Zwischenzeit Wasser in einem großen Topf zugedeckt zum Kochen bringen. Dann Salz und Nudeln hinzugeben. Die Nudeln im geöffneten Topf bei mittlerer Hitze nach Packungsanleitung bissfest garen, dabei gelegentlich umrühren.

4. Restliche Sahne mit Mehl anrühren, unter Rühren zu den Blumenkohlröschen geben und unter vorsichtigem Rühren kräftig aufkochen. Die gegarten Nudeln in ein Sieb geben und abtropfen lassen. Nudeln zu den Blumenkohlröschen in die Pfanne geben und gut vermischen. Nochmals mit den Gewürzen abschmecken. Eier pellen und halbieren. Orecchiette mit Blumenkohl, Eierhälften, Semmelbröseln und Schinkenstreifen auf Tellern anrichten.

TIPP:

Das Gericht schmeckt auch lecker mit Brokkoliröschen. Dann Brokkoliröschen aber nur kurz anbraten und anschließend nur 2–3 Minuten garen.

🕐 Zubereitungszeit: 30 Minuten,
   ohne Abkühl- und Durchziehzeit
   Garzeit: 10–15 Minuten
✚ Vegetarisch

SPANISCHER BLUMENKOHLSALAT

ZUTATEN FÜR 4 PORTIONEN

1 großer Blumenkohl
100 g TK-Erbsen

FÜR DAS DRESSING:

2 Eier (Größe M)
1–2 Knoblauchzehen
1 abgetropftes, eingelegtes
   Sardellenfilet
1 TL milder Senf
2 EL Weißweinessig oder
   Zitronensaft
4 EL mildes Pflanzenöl,
   z. B. Traubenkernöl
3 EL Olivenöl
125 g Jogurt (3,5 % Fett)
1 Bund Schnittlauch

100 g Chorizo (würzige spanische
   Paprikawurst)
200 g kleine milde grüne Chilischo-
   ten (Pimientos de Padron)

PRO PORTION:

E: 18 g, F: 28 g, Kh: 12 g, kcal: 396

1. Blumenkohl putzen, in Röschen teilen, abspülen und abtropfen lassen. Etwas Wasser in einem weiten Topf erhitzen. Salz und Blumenkohlröschen zugeben. Zugedeckt bei schwacher Hitze 10–15 Minuten (je nach Größe der Röschen) dünsten. Der Blumenkohl sollte noch bissfest sein. Erbsen etwa 2 Minuten mitgaren. Das Gemüse abgießen, in eine Schüssel geben und etwas abkühlen lassen.

2. Für das Dressing Eier hart kochen, abschrecken und schälen. Eier abkühlen lassen, halbieren. Eigelb herauslösen. Knoblauch abziehen, würfeln und mit etwa ¼ Teelöffel Salz mischen, etwas ziehen lassen. Knoblauch fein zerreiben, mit Eigelb, Sardellenfilet, Senf, Essig oder Zitronensaft und mit Traubenkernöl und 2 Esslöffeln Olivenöl fein pürieren. Joghurt unterrühren. Mit Salz, gemahlenem Pfeffer und 1 Prise Zucker abschmecken. Schnittlauch abspülen, trocken schütteln und fein schneiden. Schnittlauch unter das Dressing mischen, nochmals abschmecken.

3. Dressing über das Gemüse geben, vorsichtig untermischen und etwas ziehen lassen.

4. Chorizo in feine Scheiben schneiden. Pimientos abspülen, abtropfen lassen und trocken reiben. Übriges Öl in einer beschichteten Pfanne erhitzen. Pimientos darin unter Wenden rösten. Mit Meersalz würzen.

5. Gemüse, Chorizoscheiben und Pimientos auf Tellern anrichten und servieren.

TIPP:

Hacken Sie das gekochte Eiweiß fein und streuen Sie es vor dem Servieren über den Salat.

MARINIERTER BLUMENKOHL

ZUTATEN FÜR 4 PORTIONEN

1 Blumenkohl

je 1 rote, grüne und gelbe
Paprikaschote

1 Gemüsezwiebel

2 Knoblauchzehen

2–3 Stängel Thymian

4 EL Weißweinessig

5 EL Olivenöl

1 Döschen Safran (0,2 g)

170 g entsteinte abgetropfte
grüne Oliven

170 g entsteinte abgetropfte
schwarze Oliven

PRO PORTION:

E: 7 g, F: 16 g, Kh: 15 g, kcal: 238

1. Den Blumenkohl putzen, in kleine Röschen teilen, abspülen und abtropfen lassen.

2. Paprikaschoten halbieren, entstielen, entkernen und die weißen Scheidewände entfernen. Schoten abspülen, abtropfen lassen und in Stücke schneiden.

3. Wasser in einem großen Topf zum Kochen bringen, Salz hinzugeben. Zuerst die Blumenkohlröschen darin etwa 10 Minuten, dann die Paprikastücke etwa 5 Minuten garen.

4. Das Gemüse in einem Sieb abtropfen lassen, dabei das Kochwasser auffangen. Das Gemüse mit kaltem Wasser abschrecken und abtropfen lassen.

5. Vom Kochwasser 1 Liter abmessen und wieder in einen Topf geben. Gemüsezwiebel und Knoblauch abziehen und würfeln. Thymian abspülen und trocken tupfen.

6. Das abgemessene Kochwasser mit Zwiebel- und Knoblauchwürfeln, Essig, Olivenöl, Pfeffer und Safran aufkochen lassen. Dann den Sud etwa 30 Minuten abkühlen lassen.

7. Blumenkohlröschen, Paprikastücke und Oliven in den Sud geben und zugedeckt etwa 3 Stunden darin durchziehen lassen. Dann das Gemüse abgießen und servieren.

TIPP:

Das marinierte Gemüse schmeckt hervorragend zu Knoblauch-Baguette-Scheiben.

REZEPTVARIANTE:

Probieren Sie einmal einen **Blumenkohlsalat** (4 Portionen). Dazu die gegarten Blumenkohlröschen mit folgender Sauce vermischen und etwas durchziehen lassen. Für die Salatsauce 150 g Crème fraîche mit 1 Esslöffel mittelscharfem Senf verrühren. 2–3 hart gekochte, gewürfelte Eier, 3 gewürfelte Gewürzgurken, 1 Esslöffel abgetropfte Kapern, 1 Esslöffel klein geschnittene, gemischte Kräuter (Dill, Schnittlauch, Petersilie) unterrühren. Die Sauce mit Salz, Pfeffer und etwas Zucker abschmecken, mit den erkalteten, abgetropften Blumenkohlröschen vermischen.

TELTOWER RÜBCHEN

ZUTATEN FÜR 4 PORTIONEN

750 g Teltower Rübchen,
   Mairübchen oder Navettes
40 g Butter
125 ml Gemüsebrühe
1 EL fein gehackte Petersilie

PRO PORTION:

E: 3 g, F: 8 g, Kh: 15 g, kcal: 150

1. Rübchen putzen, schälen, abspülen und abtropfen lassen. Rübchen vierteln.

2. Die Butter in einer großen Pfanne zerlassen. 2 Teelöffel Zucker darin bräunen und die Rübchen darin andünsten. Die Gemüsebrühe hinzufügen. Die Rübchenviertel 10–15 Minuten gar dünsten lassen.

3. Das Rübchengemüse mit Salz abschmecken oder zum Servieren mit grob gemahlenem Salz und Petersilie bestreuen.

TIPP:

Teltower Rübchen passen ausgezeichnet zu Fleischgerichten, wie gebratener Ente und Gans, Spanferkel und gegrilltem Lamm.

TELTOWER RÜBCHEN

Teltower Rübchen gehören ebenso wie Mairübchen, Navets oder Navetten zu den Weißen Rüben und werden im Frühjahr und im Herbst geerntet. Sie sind weiß- bis gelbfleischig und haben einen zart-süßlichen, rettichähnlichen Geschmack. Ihre Form ist rund, platt gedrückt oder länglich gestreckt. Die Blattstiele werden als Stielmus oder Rübstiel roh als Salat oder gekocht als Gemüse verzehrt. Die Rübchen sollten bei der Ernte noch weich und zart sein. Die Rübchen sind kalorienarm und reich an Vitamin A, B und C.

RADIESCHEN-CARPACCIO MIT TAHINI-DRESSING UND POCHIERTEN EIERN

ZUTATEN FÜR 4 PORTIONEN

FÜR DAS CARPACCIO:

2 Knoblauchzehen
100 g Tahinipaste
   (Sesampaste aus dem Glas;
   erhältlich z. B. im orientalischen
   Lebensmittelgeschäft)
150 ml Wasser
3 EL Olivenöl
5 EL frisch gepresster Zitronensaft
600–800 g große, feste Radieschen
1 Beet Gartenkresse

FÜR DIE POCHIERTEN EIER:

3 EL heller Weißweinessig
6–8 frische Eier

ZUSÄTZLICH:

1–2 EL gerösteter Sesamsamen
evtl. etwa 1 TL Schwarzkümmelsamen

PRO PORTION:

E: 17 g, F: 29 g, Kh: 10 g, kcal: 376

1. Für das Carpaccio Knoblauch abziehen, fein würfeln, mit etwas Salz auf einem Holzbrett mischen, kurz ziehen lassen. Dann Salz-Knoblauch-Mischung mit einem Messer zu einer feinen Paste reiben.

2. Tahinipaste und Wasser in einem kleinen Topf unter Rühren erhitzen, bis sich alles gut vermischt hat. Olivenöl, Zitronensaft und Salz-Knoblauch-Mischung gut unterrühren. Mit Salz und gemahlenem Pfeffer abschmecken. Etwas abkühlen lassen.

3. Radieschen putzen, dabei zartes Grün beiseitelegen. Radieschen abspülen, abtropfen lassen und fein hobeln oder schneiden. 4 Teller mit den Radieschenscheiben großzügig auslegen, mit etwas Salz würzen und das Tahinidressing daraufträufeln.

4. Inzwischen für die pochierten Eier in einem Topf etwa 1 ½ Liter Wasser und Essig zum Kochen bringen. Eier einzeln in eine Tasse oder Schöpfkelle schlagen.

5. Eier nacheinander sehr vorsichtig in das siedende Wasser gleiten lassen. Ggf. das Eiweiß mithilfe eines Löffels um das Eigelb ziehen. Eier in 4–5 Minuten gar ziehen lassen.

6. Eier mit einer Schaumkelle aus dem Wasser heben und in einer Schüssel mit lauwarmem, gesalzenem Wasser kurz ziehen lassen.

7. Beiseitegelegtes Radieschengrün abspülen, trocken tupfen und klein schneiden. Kresse vom Beet schneiden, mit dem Radieschengrün mischen.

8. Die Eier auf Küchenpapier kurz abtropfen lassen, mit Sesam, Kresse und Schwarzkümmel auf dem Radieschen-Carpaccio anrichten.

BEILAGE:
In Butter gebratene Holzofen-Brotscheiben.

EXTRA-TIPP:
Schnell und unkompliziert: einfach wachsweich gekochte Eier (z. B. vom Vortag) zum Carpaccio servieren.

RADIESCHEN-FRISCHKÄSE-PASTA

ZUTATEN FÜR 4 PORTIONEN

2 Lauchzwiebeln

400 g körniger Frischkäse

350 g breite Bandnudeln

700 g große Radieschen
   mit zartem Grün
3 Knoblauchzehen
125 g Rucola (Rauke)
1 EL geröstetes Sesamöl
2 EL Olivenöl
1 EL Butter

PRO PORTION:

E: 26 g, F: 16 g, Kh: 69 g, kcal: 544

1. Lauchzwiebeln putzen, abspülen, abtropfen lassen und klein schneiden. Frischkäse mit den Lauchzwiebeln mischen, mit gemahlenem Pfeffer würzen.

2. Nudeln in kochendem Salzwasser nach Packungsanleitung bissfest garen.

3. In der Zwischenzeit Radieschen putzen, dabei zarte Blättchen beiseitelegen. Radieschen abspülen und abtropfen lassen. Radieschen je nach Größe halbieren oder vierteln. Knoblauch abziehen und in Scheibchen schneiden. Rucola putzen und die dicken Stiele abschneiden. Rucola und beiseitegelegtes Radieschengrün abspülen, trocken tupfen und etwas feiner zupfen.

4. Beide Öle und Butter in einer großen, beschichteten Pfanne erhitzen bzw. zerlassen. Die Knoblauchscheibchen darin bei schwacher Hitze goldbraun braten. Auf Küchenpapier abtropfen lassen.

5. Radieschen im heißen Knoblauchöl unter Wenden 2–3 Minuten braten. Mit Salz und Pfeffer würzen.

6. Die gegarten Nudeln in einem Sieb gut abtropfen lassen, dann zu den Radieschen in die Pfanne geben und alles unter Wenden erhitzen und durchmischen. Rucola und Radieschengrün hinzugeben und kurz untermischen. Mit Salz und Pfeffer würzen.

7. Die Nudelmischung mit dem Frischkäse und den Knoblauchscheibchen auf Tellern anrichten und sofort servieren.

RADIESCHEN

Radieschen sind meist kugelig rund und rot, können aber auch oval und weiß sein. Immer sollen sie allerdings knackig, saftig und scharf sein. Sie enthalten Kalium und Eisen, aber nur etwa 14 kcal pro 100 g geputzter Ware. Radieschen können im Kühlschrank 2 Tage gelagert werden. Dafür vorher das Grün abschneiden und die Radieschen in ein feuchtes Tuch einschlagen oder in eine luftdicht verschlossene Dose legen. Radieschen sind ein typisches Frühjahrsgemüse und werden von Mai bis Juli geerntet.

RADIESCHEN-KRÄUTER-SALSA ZU GEBRATENEM LACHSFORELLENFILET

ZUTATEN FÜR 4 PORTIONEN

4 Stücke (je etwa 175 g)
    Lachsforellenfilets (Meerforelle;
    geschuppt auf der Haut)
2 EL Zitronensaft

FÜR DIE SALSA:

1 großes Bund Dill
450 g Radieschen mit zartem Grün
2 EL Sesamöl
2 EL Olivenöl
2 EL Zitronensaft

2 EL Pflanzenöl zum Braten
1 EL Butter

2 Lauchzwiebeln

PRO PORTION:

E: 36 g, F: 30 g, Kh: 4 g, kcal: 431

1. Die Lachsforellenfilets mit Küchenpapier abtupfen. Die Fleischseiten mit Zitronensaft beträufeln und kurz ziehen lassen.

2. In der Zwischenzeit für die Salsa Dill abspülen, trocken tupfen und die Spitzen von den Stängeln zupfen. Dillspitzen mit den feineren Stielen klein schneiden.

3. Die Radieschen putzen. Einige zarte, innere Blätter abschneiden und beiseitelegen. Radieschen abspülen, abtropfen lassen, in feine Würfel oder Stifte schneiden und in eine Schüssel geben. Sesam-, Olivenöl, Zitronensaft, etwas gemahlenen Pfeffer und Dill untermischen.

4. Pflanzenöl und Butter in einer großen Pfanne erhitzen bzw. zerlassen. Die Lachsfiletstücke abtupfen, mit Salz und Pfeffer würzen und auf der Hautseite in die heiße Pfanne legen. Bei mittlerer Hitze, je nach Dicke der Filets, braten, bis die Haut schön kross und das Fleisch fast gar ist. Die Filets dann wenden und auf der Fleischseite maximal in etwa ½ Minute fertig braten.

5. Lauchzwiebeln putzen, abspülen, abtropfen lassen und in feine Scheiben schneiden. Beiseitegelegte Radieschenblätter abspülen, trocken tupfen und fein schneiden. Lauchzwiebelscheiben und Radieschenblätter unter die Radieschen-Salsa rühren. Mit Salz abschmecken.

6. Die Lachsfischfilets mit der Salsa auf Tellern anrichten.

BEILAGE:

In Butter geschwenkte Salzkartoffeln.

🕐 Zubereitungszeit: 30 Minuten
   Garzeit: etwa 20 Minuten
✚ Vegetarisch

RADIESCHENSUPPE

ZUTATEN FÜR 2 PORTIONEN

2 Schalotten (etwa 50 g)

500 g Radieschen mit Grün

½ EL Butter

500 ml Gemüsebrühe

1–2 EL frisch gepresster Zitronensaft

einige Tropfen Worcestersauce

PRO PORTION:

E: 3 g, F: 3 g, Kh: 5 g, kcal: 59

1. Schalotten abziehen und in kleine Würfel schneiden. Von den Radieschen die Wurzelenden und das Grün entfernen. Radieschen abspülen, trocken tupfen und in dünne Scheiben schneiden (etwas Radieschengrün und einige Radieschenwürfel zum Garnieren beiseitelegen).

2. Butter in einem Topf zerlassen. Die Schalottenwürfel darin goldgelb andünsten. Radieschenwürfel hinzufügen und kurz mitdünsten lassen. Gemüsebrühe hinzugießen und zum Kochen bringen. Die Zutaten zugedeckt etwa 20 Minuten kochen lassen, dabei gelegentlich umrühren. Anschließend die Suppe mit einem Pürierstab fein pürieren.

3. Beiseitegelegtes Radieschengrün abspülen, trocken tupfen und in feine Streifen schneiden. Die Suppe evtl. nochmals erwärmen. Mit Salz, gemahlenem weißen Pfeffer, Zitronensaft und Worcestersauce abschmecken. Radieschensuppe mit den beiseitegelegten Radieschenwürfeln und Radieschengrünstreifen garnieren und heiß servieren.

BEILAGE:
Ofenfrisches Baguette.

TIPP:
Als Einlage können Sie zusätzlich ½–1 Esslöffel klein geschnittene Kräuter (z. B. Petersilie, Schnittlauch, Basilikum) in die Suppe geben.

FRANKFURTER GRÜNE SAUCE

ZUTATEN FÜR 4 PORTIONEN

etwa 150 g frische Kräuter
  für Frankfurter Grüne Sauce
150 g Crème fraîche oder
  saure Sahne
1 kleine Zwiebel
150 g Joghurt
  (3,5 % Fett)
1–2 EL Olivenöl
1 TL mittelscharfer Senf
1 Spritzer Zitronensaft

PRO PORTION:

E: 4 g, F: 13 g, Kh: 7 g, kcal: 164

1. Die Kräuter abspülen, trocken tupfen und die Blättchen von den Stängeln zupfen. Blättchen grob zerschneiden und mit 2 Esslöffeln Crème fraîche oder saurer Sahne in einer Rührschüssel pürieren oder die Kräuter sehr klein schneiden und mit Crème fraîche oder saurer Sahne verrühren. Die Zwiebel abziehen und fein würfeln.

2. Restliche Crème fraîche oder saure Sahne, Joghurt, Zwiebelwürfel, Olivenöl und Senf mit der Kräuter-Crème-fraîche-Masse verrühren. Die Sauce mit Zitronensaft, ½ Teelöffel Zucker, Salz und gemahlenem Pfeffer würzen und bis zum Servieren zugedeckt in den Kühlschrank stellen.

VERWENDUNG:

Die Frankfurter Grüne Sauce zu neuen Kartoffeln mit hart gekochten Eiern oder zu gekochtem Rindfleisch reichen.

TIPPS:

In die „echte" Frankfurter Grüne Sauce gehören 7 frische Kräuter. Je nach Jahreszeit kann die Zusammenstellung variiert werden. Es gibt abgepackte Kräutermischungen für die Sauce zu kaufen (etwa 150 g). Sie können auch 1 Bund gemischte Kräuter, z. B. Petersilie, Schnittlauch, Kerbel, Pimpinelle, Borretsch, Zitronenmelisse und Kresse oder Sauerampfer verwenden.

KRÄUTER

Kräuter gedeihen nicht nur im Garten, sondern auch auf Balkon und Fensterbank. Im Balkonkasten lassen sich gut Borretsch, Bohnenkraut, Petersilie, Liebstöckel, Schnittlauch, Majoran, Zitronenmelisse und Salbei ziehen. Dill, Majoran, Salbei, Bohnenkraut, Pimpinelle, Melisse, Estragon, Oregano, Liebstöckel, Currykraut, Petersilie, Basilikum, Schnittlauch, Thymian und Rosmarin eignen sich als Topfpflanzen.
Kräuter sollten gesund und kraftvoll aussehen, feste Stiele und Blätter haben, die weder unnatürlich hell noch fest und ledrig sind. Die Pflanzen sollten angenehm riechen und nicht muffig oder säuerlich. Kräuter, die welk sind oder gelbe und dunkle Flecken haben, sind meist nicht mehr frisch. Ihnen fehlt es an Geschmack, Duft und Inhaltsstoffen.

MUSCHELNUDELN MIT SPINATFÜLLUNG

ZUTATEN FÜR 12 PORTIONEN

4 EL Pinienkerne

500 g große Muschelnudeln
zum Füllen

1 kg frischer Blattspinat
2 Zwiebeln
3 Knoblauchzehen
3 EL Olivenöl

1 Bio-Zitrone
(unbehandelt, ungewachst)

500 g Mascarpone (ital. Frischkäse)
½ TL Cayennepfeffer
250 ml Gemüsebrühe

150 g abgetropfter Fetakäse
3 große Tomaten (etwa 300 g)

PRO PORTION:

E: 13 g, F: 27 g, Kh: 33 g, kcal: 432

1. Die Pinienkerne in einer Pfanne ohne Fett unter gelegentlichem Wenden anrösten und dann evtl. grob hacken.

2. Die Nudeln in kochendem Salzwasser nach Packungsanleitung bissfest garen. Die gegarten Nudeln in ein Sieb geben, mit warmem Wasser abspülen und abtropfen lassen.

3. Den Spinat putzen und die dicken Stiele abschneiden. Spinat gründlich waschen. Wasser in einem Topf zum Kochen bringen, Salz hinzugeben und den Spinat etwa 10 Sekunden vorgaren. Mit kaltem Wasser abschrecken und grob hacken.

4. Zwiebeln und Knoblauch abziehen. Zwiebeln fein würfeln. Knoblauch durch eine Knoblauchpresse drücken. Olivenöl erhitzen. Zwiebelwürfel und Knoblauch darin andünsten. Zitrone heiß abwaschen, abtrocknen und die Schale fein abreiben. Zitrone halbieren und den Saft auspressen.

5. Zwiebel-Knoblauch-Mischung mit Mascarpone und Pinienkernen unter den Spinat rühren. Die Spinatmasse mit Zitronensaft und -schale würzen, kräftig mit Salz, gemahlenem Pfeffer und Cayennepfeffer abschmecken. Nudeln mit der Spinatmasse füllen, in eine Fettpfanne (gefettet) oder große Auflaufform (gefettet) setzen.

6. Den Backofen vorheizen.
Ober-/Unterhitze: etwa 200 °C
Heißluft: etwa 180 °C

7. Die Gemüsebrühe hinzugießen. Die Fettpfanne oder Auflaufform mit Alufolie zudecken. Die Fettpfanne oder die Auflaufform auf dem Rost in den vorgeheizten Backofen schieben. Die Nudeln **etwa 35 Minuten garen.**

8. In der Zwischenzeit Fetakäse fein zerbröseln. Die Tomaten abspülen, abtropfen lassen, vierteln, entkernen und dabei die Stängelansätze entfernen. Die Tomatenviertel fein würfeln.

9. Zum Servieren Alufolie entfernen, die heißen Nudeln z. B. auf kleinen Tellern anrichten und mit Fetabröseln und Tomatenwürfeln bestreuen.

TIPP:

Die gefüllten Nudeln können bis einschließlich Punkt 4 bereits am Vorabend der Party vorbereitet werden. Die Fettpfanne mit den gefüllten Nudeln zugedeckt in den Kühlschrank stellen. Wenn die Gäste kommen, die Brühe hinzugießen und die gefüllten Nudeln in den vorgeheizten Backofen schieben.

KARTOFFEL-SPINAT-SCHICHTTORTE

ZUTATEN FÜR 4 PORTIONEN

400 g dicke Möhren
500 g festkochende Kartoffeln
200 g Blattspinat
Salz
200 g Kochsahne (10 % Fett)
3 Eier (Größe M)
ger. Muskatnuss
einige Stängel Kerbel
20 g Lauch-Sprossen
125 g Stremellachs

PRO PORTION:

E: 19 g, F: 18 g, Kh: 24 g, kcal: 347

1. Möhren putzen. Kartoffeln und Möhren schälen, abspülen, abtropfen lassen und in dünne Scheiben schneiden. Spinat putzen und die dicken Stiele abschneiden. Spinat gründlich waschen und gut abtropfen lassen.

2. Wasser in einem Topf zum Kochen bringen, Salz hinzugeben. Nacheinander die Kartoffelscheiben darin etwa 5 Minuten, die Möhrenscheiben etwa 3 Minuten und den Spinat etwa 10 Sekunden vorgaren. Jeweils mit kaltem Wasser abschrecken und getrennt in je einem Sieb gut abtropfen lassen.

3. Den Backofen vorheizen. Ober-/Unterhitze: etwa 180 °C Heißluft: etwa 160 °C

4. Sahne mit Eiern verschlagen, mit Salz, gemahlenem Pfeffer und Muskat kräftig würzen. Die Hälfte der Kartoffelscheiben in eine Auflauf- oder Tarteform (Ø 26 cm, leicht gefettet, mit Backpapier ausgelegt) schichten. Nacheinander Möhren und Spinat daraufgeben und mit den restlichen Kartoffelscheiben bedecken. Die Eiersahne darauf verteilen.

5. Die Form auf dem Rost in den vorgeheizten Backofen (untere Schiene) schieben. Die Schichttorte **etwa 50 Minuten backen.**

6. Die Form auf einen Rost stellen. Kartoffel-Spinat-Schichttorte etwa 10 Minuten ruhen lassen.

7. Kerbel abspülen, trocken tupfen und die Blättchen von den Stängeln zupfen. Lauch-Sprossen in ein Sieb geben, mit heißem Wasser abspülen und abtropfen lassen. Stremellachs von der Haut lösen, in Stücke teilen.

8. Sprossen, Kerbelblättchen und Lachsstücke auf der Torte verteilen und sofort servieren.

TIPP:

Statt mit Möhren können Sie die Schichttorte auch mit Petersilienwurzel- oder Kohlrabischeiben zubereiten.

● Zubereitungszeit: 20 Minuten,
  ohne Abkühlzeit
+ Vegan

SPINATSALAT MIT GRANATAPFELKERNEN

ZUTATEN FÜR 4 PORTIONEN

1 reifer, kleiner Granatapfel
30 g Pinienkerne
2 Knoblauchzehen
60 g Schalotten
3 Stängel Thymian
100 g frischer Blattspinat
5 EL Balsamico-Essig
6 EL Olivenöl

PRO PORTION:

E: 3 g, F: 19 g, Kh: 13 g, kcal: 240

1. Granatapfel halbieren und die Kerne vorsichtig herauslösen. Die weißen Trennwände entfernen. Die Pinienkerne in einer Pfanne ohne Fett unter Wenden goldgelb rösten, herausnehmen und auf einem Teller erkalten lassen.

2. Knoblauch und Schalotten abziehen, in kleine Würfel schneiden. Thymian abspülen, trocken tupfen und die Blättchen von den Stängeln zupfen. Blättchen grob zerschneiden.

3. Spinat verlesen und die dicken Stiele entfernen. Spinat gründlich waschen, gut abtropfen lassen und in breite Streifen schneiden.

4. Essig mit Knoblauch-, Schalottenwürfeln und Thymian in einer Schüssel verrühren, Olivenöl unterschlagen. Mit Salz, gemahlenem Pfeffer und 1 Prise Zucker würzen.

5. Spinat, Pinienkerne und Granatapfelkerne zur Marinade geben und unterheben.

6. Den Spinatsalat nochmals mit den Gewürzen abschmecken und auf Tellern anrichten.

TIPPS:

Verwenden Sie statt des Balsamico-Essigs Apfelessig und statt der Pinienkerne gehackte Mandeln.
Geben Sie zusätzlich 125 g abgespülte, trocken getupfte, halbierte Cocktailtomaten mit in den Salat. Servieren Sie frisches Fladenbrot, Toastbrot oder Ciabatta-Brötchen dazu.

ERDBEER-TIRAMISU

ZUTATEN FÜR 4 PORTIONEN

150 g Cantuccini
   (ital. Mandelgebäck)
50 ml frisch gepresster Orangensaft
50 ml Orangenlikör
250 g Erdbeeren
25 g Puderzucker oder Zucker
400 g Schlagsahne (mind. 30 % Fett)
150 g Naturjoghurt (3,5 % Fett)
125 g Crème double

ZUM GARNIEREN:

einige Erdbeerhälften mit Grün
vorbereitete Minzeblättchen

PRO PORTION:

E: 8 g, F: 51 g, Kh: 47 g, kcal: 715

1. Cantuccini in eine große, flache
Auflaufform legen. Orangensaft und
-likör mischen, Cantuccini damit
beträufeln.

2. Erdbeeren verlesen, evtl. kurz
abspülen, gut abtropfen lassen und
entstielen. Erdbeeren halbieren und
mit der Schnittfläche nach unten auf
die Cantuccini legen. Mit Puderzucker oder Zucker bestreuen.

3. Sahne steif schlagen, Joghurt
und Crème double unterrühren. Die
Creme auf den Erdbeeren verteilen
und glatt streichen. Tiramisu etwa
3 Stunden kalt stellen.

4. Tiramisu mit Erdbeerhälften mit
Grün und Minzeblättchen garnieren.

TIPPS:

Nach Belieben Erdbeer-Tiramisu vor
dem Servieren mit Kakao bestäuben.
Wer das Tiramisu schon am Vortag
zubereiten möchte, sollte 1–2 Blatt
weiße Gelatine (nach Packungsanleitung aufgelöst) unter die Joghurt-
masse geben.

ERDBEERPÜREE MIT SAURER-SAHNE-CREME

ZUTATEN FÜR 4 PORTIONEN

FÜR DIE CREME:

4 Blätter weiße Gelatine
150 ml Milch (1,5 % Fett)
2 EL gesiebter Puderzucker
150 g saure Sahne (10 % Fett)
1 Pck. Bourbon-Vanille-Zucker
100 g Schlagsahne (28 % Fett)

FÜR DAS PÜREE:

500 g Erdbeeren
2 EL gesiebter Puderzucker
Saft von 1 Zitrone

PRO PORTION:

E: 6 g, F: 15 g, Kh: 23 g, kcal: 262

1. Für die Creme die Gelatine in kaltem Wasser 10 Minuten einweichen. Dann Milch, Puderzucker, saure Sahne und Vanille-Zucker mit dem Pürierstab aufschlagen.

2. Die Gelatine ausdrücken und bei schwacher Hitze in einem Topf unter Rühren auflösen. Nach und nach die Milchmischung unterrühren. Die Masse kalt stellen. Wenn die Creme zu gelieren beginnt, die Sahne steif schlagen und untermischen.

3. Für das Püree die Erdbeeren waschen und abtropfen lassen. Die Erdbeeren entstielen und die Hälfte der Erdbeeren mit Puderzucker und Zitronensaft pürieren. Das Püree durch ein Sieb streichen. Die übrigen Erdbeeren beiseitelegen.

4. Den Rand von 4 Tellern mit Puderzucker bestäuben. Auf jeden Teller etwas Erdbeerpüree gießen. Dann mit einem nassen Esslöffel jeweils eine Creme-Nocke abstechen und daraufsetzen. Mit den beiseitegelegten Erdbeeren dekorieren.

TIPPS
Sie können statt der Erdbeeren auch andere Beeren, z.B. Himbeeren, Brombeeren, Johannisbeeren, verwenden.
Sie können statt der sauren Sahne auch griechischen Joghurt nehmen.
Die Sahnecreme macht sich auch auf einem Buffet für Gäste sehr gut. Sie kann bereits am Vortag zubereitet werden.

RHABARBER-CRUMBLE

ZUTATEN FÜR 6–8 PORTIONEN

FÜR DIE RHABARBERMASSE:

etwa 1 kg Rhabarber
100–120 g brauner Zucker
3 EL Orangensaft

FÜR DIE STREUSEL:

150 g Weizenmehl
25 g kernige Haferflocken
80 g brauner Zucker
100 g Butter (zimmerwarm)

PRO PORTION:

E: 3 g, F: 12 g, Kh: 46 g, kcal: 324

1. Den Backofen vorheizen.
Ober-/Unterhitze: etwa 200 °C
Heißluft: etwa 180 °C

2. Für die Rhabarbermasse Rhabarber abziehen, abspülen, abtropfen lassen, Stielenden und Blattansätze entfernen. Dickere Stangen längs halbieren. Die Stangen in etwa 4 cm lange Stücke schneiden, in eine Gratinform (Ø 32 cm) geben und mit Zucker bestreuen. Orangensaft darauf verteilen.

3. Für die Streusel Mehl in eine Rührschüssel geben, mit Haferflocken und Zucker mischen, Butter hinzufügen. Die Zutaten mit einem Mixer (Rührstäbe) auf niedrigster Stufe oder mit den Händen zu Streuseln von gewünschter Größe verarbeiten.

4. Die Streusel auf den Rhabarberstücken in der Form verteilen. Die Form auf dem Rost in den vorgeheizten Backofen schieben. Rhabarber-Crumble **etwa 30 Minuten backen.**

ABWANDLUNG:

Der Crumble schmeckt auch lecker, wenn Sie anstelle des Rhabarbers etwa 750 g Johannisbeeren (frisch oder TK) oder 740 g abgetropfte Stachelbeeren (aus Gläsern) verwenden.

RHABARBER

Rhabarber wird von April bis Ende Juni geerntet. Früh geerntet schmeckt das Gemüse (es ist kein Obst) mild, später werden die Stangen faseriger und saurer. Neben den Vitaminen A, B und C enthalten die Stangen die Mineralstoffe Kalium, Kalzium und Phosphor sowie reichlich Säure, vor allem Oxalsäure. 100 g geputzter Rhabarber enthält 17 kcal.

SOMMER

Sonne und Lebensfreude pur – so muss der Sommer sein. Das prägt auch die Küche in der warmen Jahreszeit – jetzt kann man gar nicht genug bekommen von frischem Salat, mediterranem Gemüse und saftigen Beeren. An heißen Tagen bleibt die Küche kalt, wenn es regnet, schmeckt auch mal ein italienischer Eintopf aus frischem Wirsing, eine Minestrone oder Dicke Bohnen mit Speck. Wenn im Juli auf den Feldern die Gerste gemäht wird, sind im eigenen Garten schon die Kirschen und Tomaten reif. Die Auswahl ist riesig: Bohnen, Tomaten, Auberginen, Paprika, Fenchel, Zucchini sowie junge Möhren, Melonen, Kirschen und viele andere Früchte. Und wer Beeren angebaut hat, kann im Sommer Heidelbeeren, Himbeeren, Stachelbeeren, rote und schwarze Johannisbeeren und Brombeeren ernten. Sommerzeit ist Reisezeit – auch in der Küche. Ratatouille, orientalischer Fenchelsalat, Zucchini-Spaghetti oder Burritos lassen beim Essen schöne Erinnerungen wach werden oder Fernweh aufkommen.

LAUCHZWIEBELSUPPE MIT HACKFLEISCH

ZUTATEN FÜR 4 PORTIONEN

300 g Möhren

500 g Kartoffeln

1 Staude Staudensellerie

2 EL Olivenöl

300 g mageres Rinderhackfleisch

600 ml Gemüsebrühe

4 Bund Lauchzwiebeln
(etwa 400 g)

1 Bund Kerbel

PRO PORTION:

E: 24 g, F: 10 g, Kh: 26 g, kcal: 303

1. Möhren putzen. Möhren und Kartoffeln schälen, abspülen, abtropfen lassen und in Scheiben schneiden. Staudensellerie putzen, abspülen und abtropfen lassen. Das Grün beiseitelegen. Selleriestangen in Scheiben schneiden.

2. Das Olivenöl in einem großen Topf erhitzen. Gehacktes darin unter Rühren anbraten, dabei die Fleischklümpchen mit einer Gabel zerdrücken. Das Gehackte mit Salz und gemahlenem Pfeffer würzen und mit einer Schaumkelle aus dem Topf nehmen.

3. Möhren- und Kartoffelscheiben in dem verbliebenen Bratfett unter Rühren andünsten, die Brühe hinzugießen und zum Kochen bringen. Die Zutaten etwa 20 Minuten garen.

4. In der Zwischenzeit die Lauchzwiebeln putzen, abspülen, abtropfen lassen und in Scheiben schneiden. Das Selleriegrün klein schneiden. Kerbel abspülen, trocken tupfen und die Blättchen von den Stängeln zupfen.

5. Lauchzwiebelscheiben, Selleriegrün und Hackfleisch zu den Möhren- und Kartoffelscheiben in den Topf geben. Die Suppe aufkochen lassen, mit Salz und gemahlenem Pfeffer würzen. Die Suppe in Tellern anrichten und mit Kerbelblättchen garniert servieren.

MINESTRONE

ZUTATEN FÜR 4 PORTIONEN

200 g Möhren

300 g vorwiegend festkochende
   Kartoffeln

1 kleine Zucchini (etwa 150 g)

1 Stange Lauch (etwa 200 g)

100 g Staudensellerie

100 g grüne Bohnen

2 Zwiebeln

50 g durchwachsener Speck

2 große Tomaten (etwa 400 g)

2 EL Olivenöl

1 l Gemüsebrühe

100 g Erbsen, gepalt

50 g Gabelspaghetti oder
   Hörnchennudeln

je 2 EL fein geschnittene Petersilien-
   und Basilikumblättchen

Paprikapulver rosenscharf

40 g frisch ger. Parmesan

PRO PORTION:

E: 14 g, F: 13 g, Kh: 32 g, kcal: 305

1. Die Möhren putzen, schälen, abspülen, abtropfen lassen und würfeln. Die Kartoffeln schälen, abspülen, abtropfen lassen und in kleine Würfel schneiden.

2. Zucchini abspülen, abtrocknen und die Enden abschneiden. Zucchini in Scheiben schneiden. Lauch putzen, von den äußeren Blättern befreien. Das Wurzelende und dunkles Grün (etwa ¼ der Stange) abschneiden. Die Lauchstange längs halbieren, gründlich waschen und abtropfen lassen. Lauch in kleine Stücke schneiden.

3. Staudensellerie putzen, abspülen und abtropfen lassen. Sellerie in dünne Scheiben schneiden.

4. Von den Bohnen die Enden abschneiden. Die Bohnen evtl. abfädeln, abspülen, abtropfen lassen und in Stücke schneiden. Zwiebeln abziehen und in Würfel schneiden. Speck in kleine Würfel schneiden.

5. Die Tomaten kreuzweise einschneiden und mit kochendem Wasser übergießen. Nach 1–2 Minuten herausnehmen und mit kaltem Wasser abschrecken. Tomaten häuten, halbieren und die Stängelansätze herausschneiden. Tomaten entkernen und klein schneiden.

6. Das Olivenöl in einem Topf erhitzen. Zuerst die Zwiebel- und Speckwürfel unter Rühren darin andünsten. Möhren, Kartoffeln, Staudensellerie und Bohnen dazugeben und etwa 2 Minuten mitdünsten.

7. Gemüsebrühe hinzugießen, alles zum Kochen bringen und zugedeckt 10–12 Minuten bei mittlerer Hitze kochen. Zucchini, Lauch, gepalte Erbsen und Nudeln hinzufügen, wieder zum Kochen bringen und noch 5–7 Minuten mit Deckel kochen.

8. Tomaten mit Petersilie und Basilikum in die Suppe geben und darin erhitzen. Die Gemüsesuppe mit Salz und Paprikapulver würzen. Zum Servieren Parmesan auf die Suppe streuen.

TIPP:

Minestrone zusätzlich mit Basilikumblättchen servieren.

BOHNEN-KALBFLEISCH-PFANNE

ZUTATEN FÜR 2–3 PORTIONEN

60 g Sesamsamen
300 g grüne Brechbohnen
480 g Kalbsfilet oder -rücken
2 EL Sesamöl
je 250 g abgetropfte rote und weiße
   Bohnen (aus Dosen)
250 ml Gemüsebrühe
Saft von 1 Limette

PRO PORTION:

E: 60 g, F: 28 g, Kh: 32 g, kcal: 612

1. Sesam in einer Pfanne ohne Fett unter Wenden leicht rösten, herausnehmen und auf einen Teller geben.

2. Von den Bohnen die Enden abschneiden. Die Bohnen evtl. abfädeln, abspülen abtropfen lassen und in Stücke schneiden oder brechen.

3. Kalbsfilet oder -rücken mit Küchenpapier abtupfen und in mundgerechte Würfel schneiden.

4. Das Sesamöl in einer großen Pfanne erhitzen. Die Fleischwürfel darin kurz von allen Seiten anbraten.

5. Rote, weiße und grüne Bohnen hinzufügen und unterrühren. Brühe hinzugießen, zum Kochen bringen und 5–10 Minuten kochen lassen.

6. Kalbfleisch-Gemüse-Pfanne mit Salz, gemahlenem Pfeffer und Limettensaft abschmecken und mit Sesam bestreut servieren.

TIPP:

Die Gemüse-Pfanne schmeckt auch mit Geflügelfleisch, z. B. Hähnchen, Poularde oder Pute.

GRÜNE BOHNEN

Es gibt unter anderem die besonders zarten Prinzessbohnen, die rundhülsigen Brechbohnen und gelbe oder Wachsbohnen. Im Garten geerntet werden die Bohnen von Mai bis Oktober. Sie sind reich an hochwertigem Eiweiß, enthalten Vitamin C und K sowie Folsäure, außerdem Mineralstoffe wie Kalium, Kalzium und Magnesium.

BROTSALAT MIT GRÜNEN UND WEISSEN BOHNEN

ZUTATEN FÜR 2 PORTIONEN

½ Ciabatta-Brot (vom Vortag)
60 ml weißer Balsamico-Essig
100 g Buschbohnen
125 g abgetropfte weiße Bohnen
    (aus der Dose)
2 große Tomaten
1 kleine rote Zwiebel
10 abgetropfte Kalamata-Oliven
1 EL abgetropfte feine Kapern
    (aus dem Glas)
4 EL Olivenöl
4 Stängel Basilikum

PRO PORTION:

E: 13 g, F: 5 g, Kh: 50 g, kcal: 311

1. Ciabatta-Brot in Scheiben schneiden und auf einem Backblech verteilen. Den Essig erhitzen und die Brotscheiben damit tränken.

2. Von den Buschbohnen die Enden abschneiden. Die Bohnen evtl. abfädeln, abspülen und abtropfen lassen. Buschbohnen in kochendem Salzwasser etwa 8 Minuten bissfest garen. Anschließend in ein Sieb geben, mit kaltem Wasser abschrecken und abtropfen lassen. Die weißen Bohnen in einem Sieb abspülen und abtropfen lassen.

3. Die Tomaten abspülen, trocken tupfen, halbieren und die Stängelansätze herausschneiden. Tomaten grob würfeln. Die Zwiebel abziehen und in feine Würfel schneiden.

4. Die Buschbohnen mit den weißen Bohnen, Tomaten-, Zwiebelwürfeln, Oliven und den Kapern in einer Schüssel mischen. Mit Olivenöl, Salz, Pfeffer und etwas Zucker würzen.

5. Die getränkten Brotscheiben in grobe Stücke reißen und unter den Salat heben.

6. Basilikum abspülen, trocken tupfen und die Blättchen von den Stängeln zupfen und den Salat damit bestreuen.

🕐 Zubereitungszeit: 30 Minuten
Garzeit: etwa 30 Minuten
+ Vegetarisch

GEMÜSE AUS DER BRATFOLIE

ZUTATEN FÜR 4 PORTIONEN

500 g junge Möhren
2 Kohlrabi (je etwa 200 g)
1 Fenchelknolle (etwa 300 g)
200 g Staudensellerie
200 g kleine grüne Bohnen,
   z. B. Prinzessbohnen
250 g Zuckerschoten
500 g neue kleine Kartoffeln
½ Bund Kerbel
2 Knoblauchzehen
2 EL Olivenöl

ZUSÄTZLICH:

1 Stück Bratfolie oder Bratschlauch

PRO PORTION:

E: 10 g, F: 6 g, Kh: 37 g, kcal: 243

1. Möhren putzen, das Grün bis auf 2 cm abschneiden. Möhren schälen, abspülen und abtropfen lassen.

2. Kohlrabi schälen, abspülen und abtropfen lassen. Kohlrabi zuerst in Scheiben und danach in Stifte schneiden.

3. Von der Fenchelknolle den Stiel dicht oberhalb der Knolle abschneiden. Den Fenchel putzen, Wurzelende gerade schneiden. Fenchel abspülen, abtropfen lassen und in Spalten schneiden.

4. Staudensellerie putzen und die harten Außenfäden abziehen. Den Sellerie abspülen und abtropfen lassen. Sellerie in kleine Stücke schneiden. Von den Bohnen die Enden abschneiden, evtl. Fäden abziehen.

Bohnen abspülen, abtropfen lassen und in Stücke schneiden.

5. Den Backofen vorheizen.
Ober-/Unterhitze: etwa 200 °C
Heißluft: etwa 180 °C

6. Von den Zuckerschoten die Enden abschneiden, evtl. abfädeln. Schoten abspülen und abtropfen lassen. Die Kartoffeln gründlich unter fließendem kalten Wasser waschen und abbürsten. Kerbel abspülen und trocken tupfen. Die Blättchen von den Stängeln zupfen. Blättchen grob zerkleinern.

7. Die vorbereiteten Gemüsezutaten in einer Schüssel mischen. Knoblauch mit der Haut in Scheiben schneiden und untermischen, Olivenöl hinzufügen, mit Salz und gemahlenem Pfeffer würzen.

8. Die Gemüsemischung auf ein großes Stück Bratfolie oder in den Bratschlauch geben, nach Packungsanleitung verschließen und auf ein Backblech legen.

9. Das Backblech in den vorgeheizten Backofen schieben. Das Gemüse **etwa 30 Minuten garen.**

10. Die Folie aufschneiden. Das Gemüse auf einer vorgewärmten Platte anrichten und servieren.

NUDELSALAT MIT GEMÜSE

ZUTATEN FÜR 4 PORTIONEN

250 g kleinere Nudeln, z. B. Mini-
   Penne, Trulli oder Farfalle
30 g Pinienkerne
350 g Brokkoli
2 Lauchzwiebeln
4 kleine Tomaten (etwa 300 g)
1 kleiner Topf Basilikum
80 g junger Spinat
4–5 EL Olivenöl
1–2 TL Zitronensaft
25 g frisch gehobelter oder
   geraspelter Parmesan

PRO PORTION:

E: 15 g, F: 18 g, Kh: 49 g, kcal: 434

1. Die Nudeln in kochendem
Salzwasser nach Packungsanleitung
bissfest garen, dabei gelegentlich
umrühren. Anschließend die Nudeln
in ein Sieb geben, mit kaltem Wasser
abspülen und abtropfen lassen.

2. In der Zwischenzeit die Pinienkerne in einer Pfanne ohne Fett unter
Wenden goldbraun rösten. Die Pinienkerne auf einen Teller geben.

3. Vom Brokkoli die Blätter entfernen und die Röschen abschneiden.
Den Strunk schälen, in Scheiben
schneiden, mit den Röschen abspülen und abtropfen lassen. Die
Brokkoliröschen mit den Brokkoli-

scheiben in kochendem Salzwasser
in etwa 5 Minuten bissfest garen.
Anschließend Brokkoli in ein Sieb
geben, mit kaltem Wasser abspülen
und abtropfen lassen.

4. Die Lauchzwiebeln putzen, abspülen, abtropfen lassen und in feine
Scheiben schneiden. Die Tomaten
abspülen, abtrocknen und vierteln,
dabei die Stängelansätze herausschneiden. Tomatenviertel entkernen und in kleine Würfel schneiden.

5. Basilikum abspülen, trocken
tupfen und die Blättchen von den
Stängeln zupfen. Einige Blättchen
zum Garnieren beiseitelegen. Restli-

che Blättchen fein schneiden. Jungen
Spinat verlesen, gründlich waschen
und sehr gut abtropfen lassen.

6. Die gegarten Nudeln in eine
Salatschüssel geben. Brokkoli,
Lauchzwiebeln, Tomaten, Basilikum,
Blattspinat, Olivenöl und Zitronen-
saft hinzugeben und untermischen.
Den Salat mit Salz und gemahlenem
Pfeffer abschmecken.

7. Die Pinienkerne unter den Salat
heben. Der Salat anrichten, mit
Parmesan und beiseitegelegten
Basilikumblättchen garnieren und
servieren.

DICKE BOHNEN MIT SPECK

ZUTATEN FÜR 4 PORTIONEN

500 g frische dicke, ausgepalte
    Bohnen (2 ½–3 kg mit Hülsen)
1 Stängel Bohnenkraut
100 g durchwachsener Speck,
    im Stück
2–3 Zwiebeln
1 EL Schnittlauchröllchen

PRO PORTION:

E: 13 g, F: 8 g, Kh: 17 g, kcal: 195

1. Bohnen und Bohnenkraut abspülen und trocken tupfen. Den Speck in Würfel schneiden.

2. Die Speckwürfel in einer erhitzten Pfanne auslassen. Zwiebeln abziehen und in Scheiben schneiden. Zwiebelscheiben zu den Speckwürfeln in die Pfanne geben und goldgelb dünsten. Die Bohnen hinzufügen und mitdünsten lassen.

3. Bohnenkraut und etwa 125 ml Wasser hinzugeben, mit Salz und gemahlenem Pfeffer würzen. Die Bohnen in etwa 40 Minuten gar dünsten.

4. Dicke Bohnen mit den Speckwürfeln anrichten und mit Schnittlauchröllchen bestreut servieren.

BEILAGE:
Frisches Bauernbrot.

DICKE BOHNEN

Dicke Bohnen sind die Kerne der Hülsenfrüchte, die bei uns als Puff- oder Saubohnen bekannt sind. Die Kerne müssen aus den dickfleischigen grünen Hülsen gepalt werden. Sie haben einen hohen Eiweiß- und Vitamin-B1-Gehalt. Sie werden von Juni bis August geerntet.

DICKE-BOHNEN-AUFLAUF

ZUTATEN FÜR 4 PORTIONEN

600 g festkochende Kartoffeln
250 g Lauchzwiebeln
etwa 400 g dicke Bohnenkerne
1 Bund glatte Petersilie

250 g Schlagsahne
200 g saure Sahne
3 Eier (Größe M)

PRO PORTION:

E: 18 g, F: 31 g, Kh: 40 g, kcal: 521

1. Kartoffeln schälen, abspülen, abtropfen lassen und in kleine Würfel schneiden. Lauchzwiebeln putzen, abspülen, abtropfen lassen und in Stücke schneiden.

2. Salzwasser in einem Topf zum Kochen bringen. Darin nacheinander Bohnenkerne etwa 15 Minuten, die Kartoffelwürfel etwa 5 Minuten garen. Die Bohnenkerne und die Kartoffelwürfel in einem Sieb abtropfen lassen.

3. Petersilie abspülen, trocken tupfen und die Blättchen von den Stängeln zupfen. Einige Blättchen zum Garnieren beiseitelegen. Die restlichen Blättchen klein schneiden.

4. Den Backofen vorheizen. Ober-/Unterhitze: etwa 180 °C Heißluft: etwa 160 °C

5. Die Bohnen, Kartoffelwürfel, Zwiebelstücke und gehackte Petersilie in einer Auflaufform (gefettet) mischen. Beide Sahnesorten mit den Eiern verschlagen, mit Salz und gemahlenem Pfeffer würzen. Die Eiersahne auf das Gemüse gießen.

6. Die Form auf dem Rost in den vorgeheizten Backofen schieben. Den Auflauf **50–60 Minuten garen.**

7. Den Auflauf mit den beiseitegelegten Petersilienblättchen garnieren und servieren.

TIPP:

Zum Auflauf noch Kasseler reichen. Dazu 480 g Kasseler Filet mit Küchenpapier trocken tupfen, in etwa 2 cm dicke Scheiben schneiden und mit Pfeffer bestreuen. Etwas Speiseöl in einer Pfanne erhitzen. Fleischscheiben darin von beiden Seiten kurz braten.

ASIA-SOMMER-ROLLEN MIT SALAT-LACHSFÜLLUNG

ZUTATEN FÜR 4 PORTIONEN

FÜR DEN DIP:

50 ml Sojasauce
1 EL Sesamöl
1 EL frisch gepresster Limettensaft

FÜR DIE ROLLEN:

400 g Lachsfilet, ohne Haut
4 EL frisch gepresster Limettensaft
3 EL Sojasauce
300 g Kopf- oder Römersalat
2 EL Olivenöl
1 EL Sesamöl
1 Stück Bio-Ingwer (etwa 3 cm)
1 Bund frischer Koriander
200 g Tomaten
150 g Salatgurke
3 EL geröstete, gesalzene
    Erdnusskerne

16–20 Reispapierblätter (Ø 22 cm)
etwas gerösteter Sesamsamen
    zum Bestreuen

PRO PORTION:

E: 27 g, F: 31 g, Kh: 39 g, kcal: 548

1. Für den Dip Sojasauce, Sesamöl und Limettensaft verschlagen.

2. Für die Rollen Lachsfilet mit Küchenpapier abtupfen und in etwa 1 ½ cm große Würfel schneiden. Lachswürfel mit 2 Esslöffeln Limettensaft beträufeln und kurz ziehen lassen.

3. Lachswürfel mit Küchenpapier leicht abtupfen. Eine beschichtete Pfanne erhitzen, die Lachswürfel darin von allen Seiten goldbraun braten. Mit 1 Esslöffel Sojasauce und gemahlenem Pfeffer würzen und auf einen Teller geben.

4. Salat putzen, abspülen und trocken schleudern. Den Salat in sehr feine Streifen schneiden. Restliche Sojasauce mit restlichem Limettensaft und Pfeffer verrühren, Olivenöl und Sesamöl unterschlagen. Ingwer unter fließendem Wasser abbürsten, trocken tupfen, fein reiben und unter das Dressing rühren. Die Salatstreifen untermischen.

5. Koriander abspülen, trocken tupfen und mit den Stängeln klein schneiden. Tomaten abspülen, abtropfen lassen, halbieren und die Stängelansätze herausschneiden. Tomaten würfeln und mit dem Koriander unter die Salatstreifen mischen. Gurke abspülen, trocken tupfen und die Enden abschneiden. Gurke sehr fein würfeln. Erdnusskerne hacken und mit den Gurkenwürfeln ebenfalls unter den Salat mischen.

6. Die Reispapierblätter einzeln in lauwarmes Wasser tauchen, abtropfen lassen und kurz auf ein sauberes, angefeuchtetes Geschirrtuch legen.

7. Sobald sich das Reispapierblatt leicht weich anfühlt, mittig etwas von der Salatmischung und einige Lachswürfel darauflegen. Die Seiten und untere Hälfte des Reisblattes etwas über den Salat schlagen und das Reispapier aufrollen. Gesamte Reispapierblätter so nach und nach einweichen, belegen und aufrollen.

8. Dip in Schälchen verteilen und mit Sesam bestreuen. Die Sommer-Salatröllchen mit Sesam bestreuen, anrichten und den Dip dazureichen.

EXTRA-TIPPS:

Zu den Röllchen schmeckt auch fertig gekaufte Asia-Chilisauce sehr lecker.
Statt mit Lachsfilet kann man die Sommerrollen auch mit fein gewürfeltem, gebratenen Hähnchenfilet zubereiten.
Die Röllchen können auch bereits fertig gefüllt vorbereitet werden und z. B. in einer Lunchbox mit ins Büro genommen werden.

PAPRIKA-LAUCH-GEMÜSE

ZUTATEN FÜR 4 PORTIONEN

250 g rote Paprikaschoten
250 g Lauch
250 g kleine Zucchini
200 g Sojabohnensprossen
1 EL Speiseöl
1 Knoblauchzehe
1 EL Zitronensaft
1 EL Sojasauce

PRO PORTION:

E: 4 g, F: 10 g, Kh: 7 g, kcal: 136

1. Paprikaschoten halbieren, entstielen, entkernen und die weißen Scheidewände entfernen. Schoten abspülen, abtropfen lassen, in kleine Rauten oder Streifen schneiden. Lauch putzen, die Stange längs halbieren, gründlich waschen, abtropfen lassen und schräg in schmale Streifen schneiden. Zucchini abspülen, abtrocknen und die Stängelansätze entfernen. Zucchini in Streifen oder Scheiben schneiden. Sprossen in einem Sieb abspülen und abtropfen lassen.

2. Speiseöl in einer großen Pfanne oder einem Wok erhitzen. Vorbereitetes Gemüse hinzugeben und 8–10 Minuten unter ständigem Rühren garen, es sollte aber noch knackig sein. Die Hitze muss so stark sein, dass sich keine Garflüssigkeit bildet.

3. Knoblauch abziehen und klein schneiden. Nach 2–3 Minuten Garzeit das Gemüse mit Salz, gemahlenem Pfeffer, Zitronensaft, Sojasauce und Knoblauch würzen und fertig garen.

4. Gemüse nochmals mit den Gewürzen abschmecken und heiß servieren.

PAPRIKA

Der Gemüsepaprika ist bei uns in Rot, Gelb, Grün und Orange das ganze Jahr über erhältlich. Da die Pflanze Licht und Wärme liebt, wird sie im Freiland nur in Ländern mit dem entsprechend heißen und sonnigen Klima angebaut. In Mitteleuropa findet der Anbau unter Glas statt. Paprikaschoten sind reich an Beta-Carotin und Vitamin C.

MANGOLD-KARTOFFEL-KUCHEN

ZUTATEN FÜR 4 PORTIONEN

1 Zwiebel
800 g gegarte Salzkartoffeln
　(vom Vortag)
400 g Mangold

FÜR DEN TEIG:

200 g Weizenmehl
2 Eier (Größe M)
400 ml Milch (3,5 % Fett)

80 g Butterschmalz
ger. Muskatnuss

PRO PORTION:

E: 17 g, F: 27 g, Kh: 73 g, kcal: 608

1. Zwiebel abziehen und fein würfeln. Die Kartoffeln grob raspeln. Mangold putzen. Die Stiele aus den Blättern schneiden.

2. Mangoldblätter und -stiele getrennt voneinander abspülen und abtropfen lassen. Mangoldstiele abziehen. Mangoldblätter und -stiele jeweils in feine Streifen schneiden.

3. Weizenmehl in eine Rührschüssel geben. Eier mit Milch verschlagen, nach und nach unter Rühren zum Mehl geben, dabei darauf achten, dass keine Klümpchen entstehen. Den Teig mit Salz und gemahlenem Pfeffer würzen.

4. Etwas Butterschmalz in einer beschichteten Pfanne (Ø etwa 24 cm) erhitzen, ein Viertel der Zwiebelwürfel darin glasig dünsten.

5. Ein Viertel der Kartoffelraspel hinzufügen und unter Rühren anbraten. Ein Viertel vom Mangoldgemüse hinzugeben und unterrühren. Die Mischung mit Salz, Pfeffer und Muskat würzen.

6. Den Pfannkuchenteig nochmals durchrühren und ein Viertel davon auf die Kartoffel-Mangold-Mischung gießen. Teigmasse etwa 5 Minuten stocken lassen.

7. Dann den Mangold-Kartoffel-Kuchen mithilfe eines flachen Deckels oder Tellers wenden.

8. Bevor der Kuchen wieder in die Pfanne gegeben wird, etwas vom Butterschmalz in die Pfanne geben. Den Kuchen weitere etwa 5 Minuten braten.

9. Aus den restlichen Zutaten 3 weitere Mangold-Kartoffel-Kuchen backen. Die gebackenen Mangold-Kartoffel-Kuchen im Backofen bei Ober-/Unterhitze: etwa 80 °C, Heißluft: etwa 60 °C warm halten.

MANGOLD

Mangold stammt ursprünglich aus dem Mittelmeerraum. Sein Geschmack ähnelt dem des Spinats, er ist aber würziger und nussiger. Man unterscheidet Blatt- und Stielmangold. Ersterer hat schmale Rippen und breite Blätter, die wie Spinat zubereitet werden. Typisch für Stielmangold sind die dicken, fleischigen Stiele, die von den Blättern getrennt wie Spargel oder Schwarzwurzeln zubereitet werden. Mangold ist kalorienarm und dabei reich an Kalium, Kalzium und Magnesium. Er enthält Eisen, Folsäure und Vitamin C. Hauptsächlich von Juni bis September können Sie Mangold ernten.

MANGOLD MIT SCHMAND

ZUTATEN FÜR 4 PORTIONEN

2–3 Knoblauchzehen

2 rote Zwiebeln

1 kg Mangold

1–2 TL Zitronensaft

3 EL Speiseöl, z. B. Sonnenblumenöl

125 ml Gemüsebrühe

ger. Muskatnuss

200 g Schmand (Sauerrahm)

PRO PORTION:

E: 6 g, F: 20 g, Kh: 10 g, kcal: 252

1. Knoblauch und Zwiebeln abziehen, fein würfeln. Mangold putzen und gründlich waschen. Stiele von den Blättern trennen. Blätter und Stiele in etwa 1 cm breite Streifen schneiden. Mangoldstiele mit Zitronensaft vermengen.

2. Öl in einem großen Topf erhitzen. Mangoldstiele, Knoblauch- und Zwiebelwürfel hinzufügen, unter Rühren kurz dünsten. Brühe hinzugeben und zugedeckt bei schwacher Hitze 3–4 Minuten dünsten. Dann die Blätter hinzufügen und zugedeckt noch etwa 5 Minuten dünsten.

3. Mangold mit Salz, gemahlenem Pfeffer und Muskatnuss würzen. Schmand glatt rühren und kurz vor dem Servieren über das Gemüse geben.

🕐 Zubereitungszeit: etwa 30 Minuten
Garzeit: etwa 15 Minuten
✚ Vegan

RATATOUILLE

ZUTATEN FÜR 4 PORTIONEN

300 g Gemüsezwiebeln

2 Knoblauchzehen

je 1 rote und grüne Paprikaschote
(je etwa 150 g)

250 g Zucchini

250 g Auberginen

300 g Tomaten

4 EL Olivenöl

1 Lorbeerblatt

2–3 TL Kräuter der Provence

PRO PORTION:

E: 4 g, F: 11 g, Kh: 10 g, kcal: 155

1. Gemüsezwiebeln und Knoblauch abziehen, in Scheiben schneiden. Paprikaschoten halbieren, entstielen, entkernen und die weißen Scheidewände entfernen. Schoten abspülen, abtropfen lassen und in mundgerechte Stücke schneiden. Zucchini und Auberginen abspülen, abtrocknen, die Enden bzw. Stängelansätze abschneiden. Zucchini und Auberginen in mundgerechte Stücke schneiden.

2. Tomaten kreuzweise einschneiden und mit kochendem Wasser übergießen. Nach 1–2 Minuten herausnehmen und mit kaltem Wasser abschrecken. Tomaten häuten, halbieren und die Stängelansätze herausschneiden. Tomaten in Stücke schneiden.

3. Olivenöl in einem flachen Topf erhitzen. Zwiebel- und Knoblauchscheiben darin unter Rühren kurz andünsten. Paprika-, Auberginenstücke, Lorbeerblatt, Salz, gemahlenen Pfeffer und 2 Teelöffel Kräuter der Provence hinzugeben, unter Rühren mitdünsten. Das Gemüse zugedeckt bei schwacher Hitze etwa 10 Minuten dünsten, dabei gelegentlich umrühren.

4. Zucchinistücke hinzugeben, zugedeckt weitere 5 Minuten dünsten. Tomatenstücke unterheben und aufkochen lassen. Das Gemüse mit Salz, Pfeffer und Kräutern der Provence abschmecken.

TIPP:

Ratatouille als veganes Hauptgericht mit Reis oder Baguette servieren.

● Zubereitungszeit: 25 Minuten
  Garzeit: etwa 30 Minuten
+ Vegetarisch

BLATTSALAT MIT PAPRIKA-LINSEN-MIX UND PARMESAN

ZUTATEN FÜR 4 PORTIONEN

3 Knoblauchzehen
1 Bund glatte Petersilie
1 mittelgroße Süßkartoffel
    (etwa 330 g, Batate)
6 EL Olivenöl
600 ml Gemüsebrühe
1 rote Paprikaschote (etwa 200 g)
200 g kleine schwarze Linsen
    (Beluga-Linsen; Kochzeit
    etwa 30 Minuten)
150 ml frisch gepresster Orangensaft
2 EL milder Apfelessig
evtl. mildes Currypulver
300 g Blattsalatmix, z. B. Endivie,
    Rauke, Frisée, Feldsalat, Radicchio
2 kleine rote Zwiebeln
75 g gehobelter Parmesan
    (Stück oder bereits fertig gehobelt/
    in Spänen)

PRO PORTION:

E: 24 g, F: 26 g, Kh: 46 g, kcal: 528

1. Knoblauch abziehen. Petersilie abspülen, trocken tupfen und die Blättchen von den Stängeln zupfen. Blättchen zugedeckt in den Kühlschrank legen. Petersilienstängel klein würfeln.

2. Süßkartoffel schälen, abspülen, abtropfen lassen und in etwa 2 cm große Würfel schneiden. 2 Knoblauchzehen fein würfeln. 2 Esslöffel Olivenöl in einem Topf erhitzen, Knoblauch-, Süßkartoffelwürfel und Petersilienstängel darin andünsten. Mit 200 ml Brühe ablöschen, mit Salz würzen und zugedeckt zum Kochen bringen. Süßkartoffelwürfel sehr weich garen.

3. In der Zwischenzeit Paprikaschote halbieren, entstielen, entkernen und die weißen Scheidewände entfernen. Schote abspülen, trocken tupfen und in etwa 1 cm große Würfel schneiden. Restlichen Knoblauch würfeln. 1 Esslöffel Olivenöl in einem Topf erhitzen. Paprika- und Knoblauchwürfel darin andünsten. Mit restlicher Brühe ablöschen und zum Kochen bringen. Linsen unterrühren. Die Zutaten bei schwacher Hitze etwa 30 Minuten garen.

4. Süßkartoffelmix in einen hohen Rührbecher geben, Orangensaft und restliches Olivenöl hinzugießen und mit einem Pürierstab sämig pürieren. Mit Essig, Salz, gemahlenem Pfeffer und nach Belieben etwas Curry abschmecken.

5. Salate putzen, abspülen, trocken tupfen und in mundgerechte Stücke zupfen. Zwiebeln abziehen, zuerst in dünne Scheiben schneiden, dann in Ringe teilen. Kalt gestellte Petersilienblättchen klein schneiden.

6. Salate und Linsen auf einer Platte anrichten. Zwiebelringe darauf verteilen, mit dem Dressing beträufeln. Mit Parmesan bestreut servieren.

EXTRA-TIPP:

Die restliche Parmesanrinde, die zu hart zum Reiben ist, nicht einfach entsorgen. In einem würzigen Eintopf mitgekocht, gibt es dem Gericht zusätzliche Würze.

🕐 Zubereitungszeit: 25 Minuten,
  ohne Abkühlzeit
  Garzeit: etwa 15 Minuten
✚ Vegetarisch

ORIENTALISCHER FENCHELSALAT MIT GERÖSTETEN MANDELN

ZUTATEN FÜR 4 PORTIONEN

40 g abgetropfte, getrocknete
  Tomaten (in Öl)
etwa 400 ml Gemüsebrühe
200 g Bulgur

4 EL gehobelte Mandeln
5 EL Olivenöl
2 Knoblauchzehen
2– 3 große, saftige Orangen
800 g Fenchelknollen
  mit reichlich zartem Grün
2 kleine rote Zwiebeln
100 ml Orangensaft
1 EL weißer Balsamico-Essig
1 TL flüssiger Honig

½ Granatapfel

PRO PORTION:

E: 11 g, F: 25 g, Kh: 56 g, kcal: 529

1. Von den getrockneten Tomaten 1 Esslöffel Tomatenöl auffangen. Tomaten in feine Streifen schneiden. Brühe in einem Topf zum Kochen bringen, Bulgur einstreuen und die Tomatenstreifen untermischen. Die Kochstelle ausschalten und den Bulgur ausquellen und abkühlen lassen.

2. In der Zwischenzeit Mandeln in einer Pfanne ohne Fett unter Wenden knusprig anrösten, auf einen Teller geben und erkalten lassen. 2 Esslöffel Olivenöl in der Pfanne erhitzen. Knoblauch abziehen und in feine Scheibchen schneiden. Knoblauchscheiben in dem erhitzten Olivenöl goldbraun braten. Auf Küchenpapier abtropfen lassen, mit Salz würzen.

3. Orangen so schälen, dass die weiße Haut mit entfernt wird. Die Filets mit einem scharfen spitzen Messer zwischen den Trennhäuten heraus-

schneiden. Trennhäute zusätzlich ausdrücken, abtropfende Flüssigkeit auffangen. Orangenfilets zugedeckt beiseitestellen.

4. Das Grün vom Fenchel abschneiden, abspülen, trocken tupfen und beiseitelegen. Fenchelknollen abspülen, abtropfen lassen, halbieren und den harten Strunk herausschneiden. Fenchel in feine Spalten schneiden. Zwiebeln abziehen, schneiden.

5. Das verbliebene Olivenöl in der Pfanne nochmals erhitzen. Zwiebeln und den Fenchel darin andünsten. Mit Salz und gemahlenem Pfeffer würzen, Orangensaft mit dem aufgefangenen Saft hinzugießen. Den Fenchel zugedeckt 2–3 Minuten mit noch leichtem Biss dünsten. Fenchel und Zwiebeln aus der Pfanne heben und auf eine Platte geben.

6. Die verbliebene Dünstflüssigkeit aus der Pfanne, Essig, Honig, Salz, Pfeffer und restliches Olivenöl unterschlagen. Die Hälfte des Dressings über den Fenchel träufeln, lauwarm abkühlen lassen.

7. Granatapfel aufbrechen, die Kerne herauslösen. Bulgur auflockern, das Tomatenöl untermischen. Fenchel mit Bulgur, Knoblauch, Mandeln und Granatapfelkernen anrichten. Restliches Dressing daufträufeln. Das zarte Fenchelgrün grob zerzupfen und daraufstreuen.

SCHNELLER FENCHEL-FISCH-EINTOPF

ZUTATEN FÜR 4 PORTIONEN

FÜR DIE BRÜHE:

1 mittelgroße Zwiebel
1 Knoblauchzehe
200 g Tomaten
2 EL Pflanzenöl
800 ml Gemüsebrühe
1 Lorbeerblatt
2 Gewürznelken

750 g Fenchelknollen
    mit viel zartem Grün
400 g vorwiegend festkochende
    Kartoffeln
1 Stange Lauch (etwa 250 g)
600 g festes Fischfilet, ohne Haut,
    z.B. Lachs, Seelachs, Rotbarsch,
    Lengfisch, Zander (frisch oder TK)
4 große oder 8 kleinere Riesen-
    garnelen, in Schale
3–5 EL Zitronensaft
etwas Sojasauce

PRO PORTION:

E: 41 g, F: 11 g, Kh: 24 g, kcal: 374

1. Für die Brühe Zwiebel und Knoblauch abziehen und in feine Spalten schneiden. Tomaten abspülen, trocken tupfen, halbieren und die Stängelansätze herausschneiden. Tomaten grob würfeln.

2. Pflanzenöl in einem Topf erhitzen. Zwiebel- und Knoblauchspalten darin andünsten. Tomatenwürfel hinzugeben und mit andünsten. Mit Brühe ablöschen. Lorbeerblatt, Gewürznelken, etwas Salz und gemahlenen Pfeffer hinzugeben. Die Brühe zum Kochen bringen.

3. In der Zwischenzeit das Grün vom Fenchel abschneiden, abspülen, abtropfen lassen und beiseitelegen. Die Knollen abspülen, abtropfen lassen, halbieren und den harten Strunk herausschneiden. Fenchel in mundgerechte Stücke schneiden. (Strunk und festere Stiele des Grüns z. B. zum Kochen einer Gemüsebrühe verwenden). Kartoffeln gründlich unter fließendem kalten Wasser abbürsten, abtropfen lassen. Oder Kartoffeln nach Belieben schälen, abspülen, abtropfen lassen.

4. Fenchel und Kartoffeln in die Brühe geben, bei schwacher bis mittlerer Hitze 12–15 Minuten kochen lassen.

5. Lauch putzen, die Stange längs halbieren, gründlich waschen, abtropfen lassen und in feine Streifen schneiden.

6. Fischfilet und die Garnelen mit Küchenpapier abtupfen. Fischfilet in mundgerechte Stücke schneiden, dabei evtl. noch vorhandene Gräten sorgfältig entfernen. Garnelen und Fischwürfel mit 2–3 Esslöffeln Zitronensaft beträufeln.

7. Den Eintopffond mit Salz und Pfeffer abschmecken. Die Lauchstreifen unter den Eintopf rühren, alles weitere etwa 2 Minuten kochen lassen. Dann Fischstücke und Garnelen hineinlegen, den Eintopf bei schwacher Hitze weitere etwa 5 Minuten ziehen lassen, sodass Garnelen und die Fischstücke gegart werden.

8. Den Eintopf mit Sojasauce und nach Belieben mit restlichem Zitronensaft abschmecken. In vorgewärmte Schüsseln oder tiefen Tellern verteilen. Mit beiseitegelegtem Fenchelgrün großzügig bestreut servieren.

FENCHEL MIT ROSMARIN-BUTTER UND FETA

ZUTATEN FÜR 4 PORTIONEN

2 EL Olivenöl
2 EL Butter
1 Knoblauchzehe
2 Stängel Rosmarin
1 EL Zitronensaft

4 Fenchelknollen mit Grün
   (je etwa 250 g)
100 g Bacon (Frühstücksspeck,
   in feinen Scheiben)
200 g abgetropfter, milder Fetakäse

PRO PORTION:

E: 14 g, F: 33 g, Kh: 7 g, kcal: 390

1. Olivenöl und Butter in einem kleinen Topf so lange erwärmen, bis die Butter geschmolzen ist. Knoblauch abziehen und durch eine Knoblauchpresse dazudrücken. Rosmarin abspülen, trocken tupfen und die Nadeln von den Stängeln zupfen. Rosmarin fein hacken. Rosmarin und Zitronensaft unter die Öl-Butter-Mischung rühren.

2. Den Backofen vorheizen.
Ober-/Unterhitze: etwa 180 °C
Heißluft: etwa 160 C

3. Fenchel putzen, das zarte Grün abschneiden, abspülen, trocken tupfen und beiseitelegen. Fenchelknollen halbieren, abspülen, abtropfen lassen und längs fächerförmig einschneiden, dabei den Ansatz aber nicht mit durchschneiden, damit die Hälften zusammenhalten. Fenchelhälften mit den Rundungen nach oben in eine große Auflaufform setzen. Fenchel mit etwas Salz und gemahlenem Pfeffer würzen.

4. Bacon in 3–4 cm lange Stücke schneiden. Die Baconstücke in den Fenchel-Einschnitten verteilen. Mit der Kräuter-Öl-Mischung beträufeln.

5. Die Form auf dem Rost in den vorgeheizten Backofen schieben. Fenchel – je nach Dicke der Knollen – **40–45 Minuten garen.**

6. Fetakäse fein zerbröseln. Die Form aus dem Backofen nehmen, Käsebrösel auf den Fenchelhälften verteilen. Die Form wieder auf dem Rost in den heißen Backofen schieben. Fenchel **in weiteren etwa 10 Minuten gratinieren.**

7. Beiseitegelegtes Fenchelgrün klein schneiden. Gratinierte Fenchelhälften mit Fenchelgrün anrichten.

BEILAGE:
Ofenfrisches Baguette.

EXTRA-TIPP:
Die gratinierten Fenchelhälften schmecken auch abgekühlt, z. B. als Antipasti serviert, sehr lecker.
Die äußeren Fenchelschichten und übriges Grün eignen sich hervorragend für die Zubereitung einer würzigen Gemüsebrühe (Rezept siehe Seite 15) oder selbst gemachter Gemüsebrühe-Würze (Rezept siehe Seite 14).
Frisches Fenchelgrün lässt sich zudem gut einfrieren und zum Aromatisieren von Saucen und Suppen verwenden.

TOMATENSUPPE
MIT MOZZARELLA-KUGELN

ZUTATEN FÜR 4 PORTIONEN

1 kg große Tomaten,
  z. B. Fleischtomaten
1 Zwiebel
1 Knoblauchzehe
2 EL Olivenöl
375 ml Gemüsebrühe
¼ TL Cayennepfeffer
1 Lorbeerblatt
½ TL gerebelter Oregano
150 g Mini-Mozzarella-Kugeln
evtl. einige Basilikumblättchen

PRO PORTION:

E: 9 g, F: 14 g, Kh: 9 g, kcal: 194

1. Tomaten abspülen, trocken tupfen, vierteln, die Stängelansätze herausschneiden. Tomaten in Stücke schneiden. Zwiebel und Knoblauch abziehen. Zwiebel fein würfeln. Knoblauchzehe zerdrücken oder ebenfalls fein würfeln.

2. Das Olivenöl in dem Topf erhitzen. Zwiebelwürfel und Knoblauch darin unter Rühren andünsten. Die Tomatenstücke hinzufügen und etwa 5 Minuten unter Rühren mit andünsten.

3. Gemüsebrühe, 1 Prise Zucker, Salz, gemahlenen Pfeffer, Cayennepfeffer, Lorbeerblatt und Oregano hinzufügen, alles zum Kochen bringen und etwa 15 Minuten bei schwacher Hitze mit Deckel köcheln lassen. Danach das Lorbeerblatt herausnehmen.

4. Die Suppe mit dem Pürierstab pürieren, nochmals aufkochen lassen und mit den Gewürzen abschmecken.

5. Die Mini-Mozzarella-Kugeln abtropfen lassen. Basilikumblättchen abspülen und trocken tupfen. Die Suppe mit den Mozzarella-Kugeln und den Basilikumblättchen anrichten.

TIPPS:

Soll die Suppe besonders fein werden, die Suppe nicht pürieren, sondern mit einem Mixer und dem dazugehörigen Passierstab oder dem Löffelrücken eines Esslöffels durch ein feines Sieb streichen.
Die Suppe mit etwas Basilikumpesto verfeinern.
Die Suppe lässt sich auch gut zur Tomatensauce (z. B. für Nudelgerichte, für 6–8 Portionen) einkochen. Dafür die Suppe etwa 15 Minuten ohne Deckel bei mittlerer bis großer Hitze einkochen lassen, dabei gelegentlich umrühren.

GRATINIERTE TOMATEN

ZUTATEN FÜR 2 PORTIONEN (4 TOMATENHÄLFTEN)

2 Fleischtomaten
1 Knoblauchzehe
2 EL Semmelbrösel
2 EL ger. Parmesan
1–2 EL Kräuter der Provence oder
   entsprechend frisch gehackter
   Thymian, Rosmarin und Petersilie
etwa 3 EL Olivenöl

PRO PORTION:

E: 3 g, F: 9 g, Kh: 7 g, kcal: 128

1. Die Tomaten abspülen, abtrocken, quer halbieren, mit Salz und frisch gemahlenem Pfeffer würzen. Die Tomatenhälften jeweils mit der Schnittfläche nach oben in eine ofenfeste Form (gefettet) oder Auflaufform (gefettet) setzen.

2. Den Backofen vorheizen.
Ober-/Unterhitze: etwa 180 °C
Heißluft: etwa 160 °C

3. Knoblauch abziehen und durch eine Knoblauchpresse drücken. Semmelbrösel, Parmesan, Knoblauch, Kräuter und Olivenöl in einer kleinen Rührschüssel zu einer bröseligen Masse verarbeiten und auf den gewürzten Tomatenhälften verteilen.

4. Die ofenfeste Form oder Auflaufform auf dem Rost in den vorgeheizten Backofen schieben. Die Tomatenhälften **etwa 15 Minuten überbacken,** bis eine gut gebräunte Brotkruste entstanden ist.

TIPPS:

Statt Parmesan zerbröselten Feta- oder Schafskäse mit in die Bröselmasse geben.
Tomatenhälften zu kurz gebratenem Fleisch reichen.

OFENTOMATEN

ZUTATEN FÜR 12 STÜCK

12 große Strauchtomaten
   (etwa 1 ½ kg)
500 g Blattspinat
2 Zwiebeln
2 Knoblauchzehen
250 g braune Champignons
3 EL Olivenöl
1 Bund Schnittlauch
50 g Butter (zimmerwarm)
20 g Pankobrösel (z. B. aus dem
   Asialaden) oder Semmelbrösel

PRO PORTION:

E: 3 g, F: 7 g, Kh: 5 g, kcal: 99

1. Die Tomaten abspülen, abtrocknen, die Stängelansätze herausschneiden und jeweils einen Deckel abschneiden. Die Tomaten am besten mit einem Kugelausstecher oder einem kleinen Löffel aushöhlen. Die Tomatendeckel fein würfeln und mit dem Fruchtfleisch beiseitelegen.

2. Spinat verlesen, gründlich waschen und gut abtropfen lassen. Zwiebeln und Knoblauch abziehen. Zwiebeln fein würfeln und Knoblauch durch eine Knoblauchpresse drücken. Die Champignons putzen, evtl. kurz abspülen, trocken tupfen und in etwa ½ cm dicke Scheiben schneiden.

3. 2 Esslöffel Olivenöl in einer großen Pfanne erhitzen. Zwiebelwürfel und Knoblauch darin mit den Champignons anbraten. Spinat hinzugeben, zusammenfallen lassen und unterrühren. Kräftig mit Salz und gemahlenem Pfeffer abschmecken.

4. Den Backofen vorheizen.
Ober-/Unterhitze: etwa 200 °C
Heißluft: etwa 180 °C

5. Die ausgehöhlten Tomaten innen mit Salz und Pfeffer würzen, mit der Gemüsemischung füllen und mit etwas Abstand in eine Fettpfanne (gefettet) setzen.

6. Beiseitegelegtes Tomatenfruchtfleisch und Tomatenwürfel mit dem restlichen Olivenöl pürieren, mit Salz und Pfeffer würzen und zwischen den Tomaten verteilen.

7. Den Schnittlauch abspülen, trocken tupfen und in kleine Röllchen schneiden. Die Butter mit den Schnittlauchröllchen vermischen. Die Schnittlauchbutter auf den gefüllten Tomaten verteilen.

8. Die Brösel auf die Tomaten streuen. Die Fettpfanne im unteren Drittel in den vorgeheizten Backofen schieben. Die Tomaten **etwa 30 Minuten garen.**

TOMATEN

Die heimische Tomatenhauptsaison dauert von Juli bis September. Dabei sind die unterschiedlichsten Sorten erhältlich: rund, länglich oder eierförmig, von kirschgroß bis hin zu 10 cm großen Fleischtomaten. Tomaten zeichnen sich durch einen hohen Gehalt an Beta-Carotin und Vitamin C sowie an Kalium und Carotinoiden, insbesondere Lycopin, aus. Lycopin wird eine antioxidative Wirkung zugesprochen. Tomaten können roh, gegart oder gegrillt gegessen werden.

🕐 Zubereitungszeit: 40 Minuten
  Garzeit: etwa 8 Minuten
✚ Vegetarisch

SHAKSHUKA-HIRSE-AUFLAUF

ZUTATEN FÜR 4 PORTIONEN

150 g Hirse
550 ml heißes Wasser
½ TL Salz

1 rote Paprikaschote (200 g)
½ rote Chilischote
500 g Fleischtomaten
125 g Zwiebeln
2 Knoblauchzehen
6 EL Olivenöl
1 Döschen Safranfäden (0,1 g)
1 EL Kreuzkümmelsamen
1 EL Paprikapulver edelsüß
100 ml Gemüsebrühe
4 Eier (Größe M)

8 große Blätter Minze
etwa 100 g Feta
1 TL echter Schwarzkümmelsamen

PRO PORTION:

E: 17 g, F: 31 g, Kh: 34 g, kcal: 485

1. Die Hirse in ein feines Sieb geben und unter fließendem heißen Wasser abspülen. Hirse mit dem heißen Wasser und dem Salz in einen weiten Topf geben. Hirse bei mittlerer Hitze zum Kochen bringen und zugedeckt etwa 5 Minuten köcheln lassen. Anschließend die Hirse unter gelegentlichem Rühren bei schwacher Hitze in etwa 15 Minuten ausquellen lassen (dabei die Packungsanleitung beachten), bis das Wasser vollständig aufgesogen ist.

2. Inzwischen Paprikaschote halbieren, entstielen, entkernen und die weißen Scheidewände entfernen. Schote abspülen, abtropfen lassen und in etwa 2 cm große Stücke schneiden. Chilischote entstielen, abspülen, abtropfen lassen, mit den Kernen fein hacken.

3. Tomaten abspülen, abtropfen lassen, in etwa 3 cm große Stücke schneiden, dabei die Stängelansätze herausschneiden. Zwiebeln und Knoblauch abziehen, würfeln.

4. Das Olivenöl in einer großen Pfanne erhitzen. Die Zwiebelwürfel darin bei schwacher Hitze goldbraun braten. Knoblauch, Chili, Safran, Kreuzkümmel und Paprikapulver unterrühren. Die Paprika- und Tomatenstücke dazugeben, kurz andünsten und mit Salz würzen. Die Gemüsebrühe unterrühren. Das Ganze etwa 5 Minuten köcheln lassen, bis kaum noch Flüssigkeit vorhanden ist.

5. Den Backofen vorheizen.
Ober-/Unterhitze: etwa 200 °C
Heißluft: etwa 180 °C

6. Die Hirse in 4 Portionsauflaufformen (gefettet) oder einer großen Auflaufform (gefettet) verteilen. Darauf das Gemüse verteilen und 4 Vertiefungen für die Eier hineindrücken. Die Eier aufschlagen, in die Vertiefungen gleiten lassen und mit Salz würzen.

7. Die Portionsauflaufformen oder die Form auf dem Rost in den vorgeheizten Backofen schieben. Shakshuka-Hirse-Auflauf **etwa 8 Minuten garen,** bis das Eiweiß gestockt, aber das Eigelb noch cremig ist.

8. Inzwischen Minze abspülen, trocken tupfen und in Streifen schneiden. Feta zerbröseln. Minzestreifen und Feta-Brösel mit dem Schwarzkümmel auf den Auflauf streuen und den Auflauf servieren.

BEILAGE:

Warmes Fladenbrot und Joghurt.

TIPP:

Echte Schwarzkümmelsamen, manchmal auch als schwarze Zwiebelsaat bezeichnet, werden im arabischen Raum oft als Gewürz verwendet. Die Samen haben einen scharfen bitterlich-würzigen Geschmack und werden z. B. als Pfefferersatz oder zum Bestreuen von Brot und Kuchen verwendet.

KOKOS-REIS MIT MINZ-MELONE

ZUTATEN FÜR 4 PORTIONEN

175 g Jasmin- oder Duftreis
1 Stängel Zitronengras
400 ml cremige Kokosmilch
  (aus der Dose)

450 g Melonen-Fruchtfleisch von
  ½ Zuckermelone, z.B. Galiamelone
2 Stängel frische Minze
4 EL frisch gepresster Limettensaft

PRO PORTION:

E: 6 g, F: 19 g, Kh: 55 g, kcal: 425

1. Reis in ein Sieb geben, kurz mit lauwarmem Wasser abspülen und abtropfen lassen. Reis mit lauwarmem Wasser bedeckt etwa 5 Minuten ziehen lassen.

2. Den Reis abtropfen lassen, dann in kochendem Salzwasser aufkochen lassen. Die Kochstelle ausschalten und den Reis 2–3 Minuten kochen lassen.

3. In der Zwischenzeit Zitronengras putzen, abspülen, abtropfen lassen und das zarte Innere fein schneiden, grobe Stängel leicht plattieren. Kokosmilch mit 2 Esslöffeln Zucker und Zitronengras in einem Topf einmal kurz aufkochen, dann kurz ziehen lassen.

4. Melonen-Fruchtfleisch in mundgerechte Würfel schneiden. Minze abspülen, trocken tupfen und die Blättchen von den Stängeln zupfen, Blättchen klein schneiden. Melonenwürfel mit Limettensaft und Minze mischen.

5. Die Kokosmilch nochmals aufkochen. Den vorgegarten Reis in einem Sieb abtropfen lassen, dann zur Kokosmilch geben und alles vorsichtig vermischen. Auf der ausgeschalteten Kochstelle zugedeckt noch 5–7 Minuten ziehen lassen, bis der Reis gegart ist.

6. Kokos-Reis mit den marinierten Melonenwürfeln anrichten.

MELONEN

Für den Anbau im Garten eignen sich die kleineren Zuckermelonen. Sie werden erst geerntet, wenn sie vollständig ausgereift sind. Man unterscheidet drei Sortengruppen, die sich in Struktur und Farbe der Schale sowie in der Farbe des Fruchtfleisches unterscheiden (Honig-, Netz- und Cantaloup-Melonen).

FRISCHKÄSETÖRTCHEN MIT MARINIERTER MELONE

ZUTATEN FÜR 6 PORTIONEN

FÜR DIE FRISCHKÄSETÖRTCHEN:

300 g körniger Frischkäse
1–2 EL Honig, 25 g Zucker
40 ml Zitronensaft
3–3 ½ EL Kokossirup
150 g Schlagsahne (mind. 30 % Fett)
1 ½ Btl. aus 1 Pck. Gelatine fix

FÜR DIE MARINIERTE MELONE:

1 Charentais- oder Ogenmelonen
50 ml Zitronensaft
4 EL Puderzucker
etwa 5 Stängel Pfefferminze

PRO PORTION:

E: 9 g, F: 10 g, Kh: 40 g, kcal: 293

1. Für die Frischkäsetörtchen den Frischkäse mit Honig, Zucker, Zitronensaft und Sirup verrühren. Die Sahne mit einem Mixer (Rührstäbe) steif schlagen. Dabei Gelatine fix nach Packungsanleitung einrieseln lassen. Die Sahne sofort unter die Frischkäsecreme heben.

2. Danach die Frischkäsemasse in 12 Dessertförmchen oder -gläser (mit kaltem Wasser ausgespült) geben. Frischkäsetörtchen zugedeckt im Kühlschrank mindestens 2 Stunden gelieren lassen.

3. Für die marinierte Melone die Melone halbieren. Jeweils die Kerne mit einem Esslöffel herauslösen. Das Fruchtfleisch mit einem Kugelausstecher auslösen oder die Melonenhälften schälen und das Fruchtfleisch in Würfel schneiden. Zitronensaft und Puderzucker in einer Schüssel verrühren.

4. Minze abspülen, trocken tupfen und die Blättchen von den Stängeln zupfen. Minzeblättchen in feine Streifen schneiden. Melonenkugeln oder -würfel mit Minzestreifen und der Zitronensaft-Marinade vorsichtig mischen.

5. Die Frischkäsetörtchen aus den Förmchen auf Teller stürzen. Die marinierten Melonen dazureichen.

TIPPS:
Statt Kokossirup können Sie auch Kokoslikör verwenden.
Das Dessert erst kurz vor dem Servieren anrichten.

🕐 Zubereitungszeit: 40 Minuten
Bratzeit: Garnelen etwa 5 Minuten

MELONEN-PAPRIKA-SALAT MIT GEBRATENEN KNOBLAUCH-GARNELEN

ZUTATEN FÜR 4 PORTIONEN

4 Lauchzwiebeln

4 EL frisch gepresster Limetten-
   oder Zitronensaft

1 TL flüssiger Honig

5 EL Olivenöl

3 Knoblauchzehen

2 große Paprikaschoten
   (nach Belieben rot und gelb,
   insgesamt 450–500 g)

1 Zuckermelone
   (1 kg, z. B. Galia-Melone)

2 kleine reife Avocados

1 Bund Basilikum

400–600 g große Garnelen
   (frisch oder TK)

½ Bio-Limette oder Bio-Zitrone
   (unbehandelt, ungewachst)

1 kleiner Zweig Rosmarin

PRO PORTION:

E: 23 g, F: 27 g, Kh: 21 g, kcal: 426

1. Lauchzwiebeln putzen, abspülen, abtropfen lassen und fein schneiden. Limettensaft mit Honig, Salz und gemahlenem Pfeffer in einer Salatschüssel verrühren, 3 Esslöffel Olivenöl unterschlagen. 1 Knoblauchzehe abziehen, fein würfeln und hinzugeben. Lauchzwiebelstücke unterrühren.

2. Paprikaschoten halbieren, entstielen, entkernen und die weißen Scheidewände entfernen. Schoten abspülen, abtropfen lassen und in feine Streifen schneiden. Paprikastreifen zum Dressing geben, untermischen und durchziehen lassen.

3. Melone halbieren, entkernen, schälen, das Fruchtfleisch würfeln. Avocados halbieren und jeweils den Stein entfernen. Das Fruchtfleisch aus den Schalen lösen und würfeln. Avocado- und Melonenwürfel auf einer Salatplatte anrichten.

4. Basilikum abspülen, trocken tupfen und die Blättchen von den Stängeln zupfen. Die Stängel sehr fein hacken. Basilikumblättchen grob zerschneiden. Basilikum unter die marinierten Paprikastreifen mischen und auf den Avocado- und Melonenwürfeln verteilen. Zugedeckt ziehen lassen.

5. Garnelen evtl. auftauen lassen. Garnelen mit Küchenpapier abtupfen. Restlichen Knoblauch abziehen und in Scheiben schneiden. Limette oder Zitrone heiß abwaschen, abtrocknen und in Scheiben schneiden.

6. Das restliche Olivenöl in einer großen Pfanne erhitzen. Die Garnelen darin bei starker Hitze kurz von beiden Seiten anbraten. Abgespülten Rosmarinzweig, Knoblauch- und Limettenscheiben hinzugeben und alles unter Wenden fertig braten. Mit Salz und Pfeffer würzen.

7. Alternativ Garnelen, Knoblauch, Limettenscheiben und Rosmarin mischen, ziehen lassen. Garnelen dann auf Spieße stecken und auf dem heißen Grillrost unter Wenden gar rösten. Mit Salz und Pfeffer würzen.

8. Garnelen mit dem Salat anrichten und servieren.

ITALIENISCHER PASTA-SALAT MIT MELONE

ZUTATEN FÜR 4 PORTIONEN

150 g Bandnudeln

FÜR DAS DRESSING:

1 Knoblauchzehe
etwa 140 ml heiße Gemüsebrühe
3–4 EL Zitronensaft
6 EL Olivenöl
10 Stängel Basilikum

150 g Champignons
4 EL Pinienkerne
450 g Zuckermelonen-Fruchtfleisch
125 g Rucola (Rauke)
2 kleine rote Zwiebeln
100 g feine Salamischeiben

PRO PORTION:

E: 16 g, F: 29 g, Kh: 44 g, kcal: 511

1. Die Bandnudeln in kochendem Salzwasser nach Packungsanleitung bissfest garen. Gegarte Nudeln in ein Sieb geben, mit heißem Wasser abspülen und abtropfen lassen.

2. In der Zwischenzeit für das Dressing Knoblauch abziehen, fein würfeln und mit etwas Salz mischen, kurz ziehen lassen.

3. 100 ml Brühe, etwas gemahlenen Pfeffer, Zitronensaft und 4 Esslöffel Olivenöl in einer Schüssel verschlagen. Den Knoblauch zu einer feinen Paste zerreiben und unterrühren. Die Hälfte der Basilikumstängel abspülen, trocken tupfen und die Blättchen mit den zarten Stängeln klein schneiden, zum Dressing geben und unterrühren. Nudeln untermischen, den Salat mindestens 1 Stunde durchziehen lassen. Zwischendurch öfter vorsichtig durchrühren, evtl. noch etwas Brühe untermischen.

4. Champignons putzen, evtl. kurz abspülen, trocken tupfen und in Scheiben schneiden.

5. Pinienkerne in einer Pfanne ohne Fett unter Wenden rösten, auf einem Teller erkalten lassen. Restliches Olivenöl in der Pfanne erhitzen, die Champignonscheiben darin unter Wenden goldbraun braten. Mit Salz und gemahlenem Pfeffer würzen.

6. Melonen-Fruchtfleisch in mundgerechte Würfel schneiden. Rucola verlesen, abspülen, trocken tupfen und die dicken Stiele entfernen. Rucola in mundgerechte Stücke zupfen. Zwiebeln abziehen, zunächst in Scheiben schneiden, dann in Ringe teilen.

7. Restliche Basilikumstängel abspülen, trocken tupfen und die Blättchen von den Stängeln zupfen, Blättchen fein schneiden. Den durchgezogenen Salat nochmals durchrühren. Vorbereitete Zutaten untermischen und den Salat nochmals mit Salz, Pfeffer und evtl. etwas Zitronensaft abschmecken. Die Salami kleiner schneiden oder zupfen und kurz vor dem Servieren unter den Salat mischen. Den Salat auf Tellern anrichten.

ZUCCHINI-SCHAFSKÄSE-NUDELN

ZUTATEN FÜR 2 PORTIONEN

FÜR DIE NUDELN:

160–200 g Spirelli
    oder andere kurze Nudeln

FÜR DIE SAUCE:

400 g Tomaten
300 g Zucchini
1 Zwiebel
1 große Knoblauchzehe
4–6 Stängel Thymian (ersatzweise
    2–4 Msp. gerebelter Thymian)
2 EL Olivenöl
2 EL Schmand (Sauerrahm) oder
    Schlagsahne
etwa 100 ml Gemüsebrühe
Cayennepfeffer
100 g Schafskäse

PRO PORTION:

E: 25 g, F: 29 g, Kh: 74 g, kcal: 664

1. Für die Nudeln Wasser in einem großen Topf zugedeckt zum Kochen bringen. Dann Salz und Nudeln zugeben. Die Nudeln im geöffneten Topf bei mittlerer Hitze nach Packungsanleitung bissfest garen, dabei gelegentlich umrühren.

2. Inzwischen für die Sauce die Tomaten kreuzweise einschneiden und mit kochendem Wasser übergießen. Nach 1–2 Minuten herausnehmen und mit kaltem Wasser abschrecken. Tomaten enthäuten, halbieren und die Stängelansätze herausschneiden. Tomaten in nicht zu kleine Stücke schneiden.

3. Zucchini abspülen, abtropfen lassen und die Enden abschneiden. Zucchini erst in Scheiben, dann in Stifte schneiden. Zwiebel und Knoblauchzehe abziehen und in kleine Würfel schneiden. Thymian abspülen, trocken tupfen und die Blättchen von den Stängeln zupfen. Die Thymianblättchen beiseitelegen.

4. Die Nudeln in ein Sieb abgießen und abtropfen lassen. Anschließend die Nudeln warm stellen.

5. Öl in einem Topf erhitzen. Zwiebel- und Knoblauchwürfel kurz darin andünsten. Zucchinistifte hinzufügen und 3–5 Minuten bei mittlerer Hitze mitdünsten.

6. Schmand oder Sahne, Tomatenstücke und Brühe hinzufügen, umrühren und aufkochen lassen. Thymian unterrühren. Die Sauce mit Salz, gemahlenem Pfeffer und Cayennepfeffer abschmecken.

7. Schafskäse in Würfel schneiden und in der Sauce erwärmen (nicht mehr kochen lassen). Die Zucchini-Schafskäse-Sauce unter die Nudeln mengen. Zucchini-Schafskäse-Nudeln auf Tellern anrichten.

TIPPS:

Statt Thymian schmeckt auch Basilikum.
Wer keine Gemüsebrühe zur Hand hat, kann auch etwas vom Nudelkochwasser für die Sauce verwenden.

ZUCCHINI

Zucchini gehören zur Familie der Kürbisgewächse. Es gibt Sorten mit einer grünen, einer gelben und einer weißen Schale, alle haben ein weißliches Fruchtfleisch, das viele Kerne enthält. Man erntet Zucchini bei einer Größe von 15–20 cm, weil sie dann besonders schmackhaft sind. Zucchini enthalten pro 100 g nur etwa 18 kcal, dafür aber Kalium, Magnesium, Eisen und Beta-Carotin. Im Gemüsefach des Kühlschranks bleiben sie 3–4 Tage frisch. Von Juni bis Oktober können Sie Zucchini ernten.

ZUCCHINI-SPAGHETTI MIT ORANGEN-THYMIAN-HÄHNCHEN

ZUTATEN FÜR 4 PORTIONEN

FÜR DAS HÄHNCHEN:

2 Hähnchenkeulen
   (je etwa 300 g)
2 Hähnchenbrustfilets
   (etwa 200 g)
evtl. 1 Prise Cayennepfeffer
1 Knoblauchzehe
1 kleine Gemüsezwiebel (etwa 250 g)
2–3 Stängel Thymian oder
   1 TL gerebelter Thymian
250 ml Orangensaft (frisch gepresst
   oder aus dem Kühlregal)
150 ml Hühnerbrühe (Instant)

FÜR DIE ZUCCHINI-SPAGHETTI:

4 mittelgroße, feste Zucchini
   (je etwa 200 g)
1 Knoblauchzehe
1 EL Olivenöl

PRO PORTION:

E: 26 g, F: 31 g, Kh: 12 g, kcal: 445

1. Für das Hähnchen Hähnchenkeulen im Gelenk in jeweils Ober- und Unterkeule trennen. Evtl. sichtbares Fett von den Keulen entfernen. Hähnchenkeulen und Hähnchenbrustfilet mit Küchenpapier abtupfen. Mit Salz, gemahlenem Pfeffer und evtl. Cayennepfeffer würzen.

2. Eine große beschichtete Pfanne bei mittlerer Hitze erhitzen. Die Hähnchenkeulen-Teile jeweils mit der Hautseite in die Pfanne legen und bei schwacher bis mittlerer Hitze braten, bis das Fett austritt. Dann die Hitze etwas erhöhen und die Keulenstücke wenden. Filetstücke mit in die Pfanne geben und unter Wenden von allen Seiten goldbraun anbraten.

3. Knoblauch abziehen und halbieren. Gemüsezwiebel abziehen, halbieren und in feine Streifen schneiden. Thymian abspülen, trocken tupfen und die Blättchen von den Stängeln zupfen.

4. Hähnchenkeulen und Filet aus der Pfanne nehmen. Ausgetretenes Fett aus der Pfanne abgießen. Von den Keulen die Haut entfernen. Noch vorhandenes Fett von den Keulen und dem Filet entfernen. Hähnchenbrustfilet warm stellen.

5. Knoblauch und Thymian in die Pfanne geben und in dem verbliebenen Bratfett kurz andünsten. Mit Orangensaft und Brühe ablöschen, zum Kochen bringen und mit Salz, Pfeffer und Cayennepfeffer würzen.

Das Keulenfleisch wieder hineinlegen und zugedeckt bei schwacher Hitze 15–20 Minuten garen. Nach 8–12 Minuten das warm gestellte Hähnchenbrustfilet hinzugeben und mitgaren lassen.

6. In der Zwischenzeit Zucchini abspülen, trocken tupfen und die Enden abschneiden. Zucchini mit einem Gemüse-Spaghetti-Schneider zu langen, dünnen Gemüse-Nudeln („Zoodels") schneiden.

7. Knoblauch abziehen und fein schneiden. Olivenöl in einer beschichteten Pfanne erhitzen. Die Knoblauchstücke darin goldbraun andünsten. Zucchinistreifen hinzugeben und unter Schwenken bei mittlerer Hitze 3–4 Minuten braten. Mit Salz und Pfeffer würzen.

8. Die gegarten Hähnchenteile aus der Pfanne nehmen, Filets in Scheiben schneiden und warm stellen. Den Schmorfond etwa um die Hälfte einkochen, mit Salz und Pfeffer abschmecken. Zucchini-Nudeln mit dem Hähnchen und der Sauce anrichten.

TIPP:

Sie können die Hähnchenteile nach dem Anbraten im Fond auch im vorgeheizten Backofen bei Ober-/Unterhitze: etwa 160 °C etwa 35 Minuten garen.

AUBERGINEN-TOMATEN-TAJINE MIT COUSCOUS

ZUTATEN FÜR 4 PORTIONEN

150 g Zwiebeln

2 Knoblauchzehen

3 Auberginen (je etwa 350 g)

400 g Cocktailtomaten

100 g Butter

6 EL flüssiger Pinienhonig oder Blütenhonig

2 EL Ras el Hanout (marokkanische Gewürzmischung)

200 ml Gemüsebrühe

75 getrocknete Feigen

50 g gehobelte Mandeln

40 g grüne Rosinen (Bioladen) oder Sultaninen

1 TL gem. Zimt

1 TL Cumin (gem. Kreuzkümmel)

1 TL gem. Koriander

200 g Couscous

15 Minzeblättchen

400 g Sahnejoghurt

PRO PORTION:

E: 18 g, F: 40 g, Kh: 91 g, kcal: 829

1. 100 g der Zwiebeln abziehen und grob würfeln. Knoblauch abziehen und in Scheiben schneiden. Von den Auberginen die Stängelansätze abschneiden. Auberginen abspülen, trocken tupfen und längs sechsteln. Tomaten abspülen, trocken tupfen und vierteln, dabei die Stängelansätze herausschneiden.

2. Den Backofen vorheizen. Ober-/Unterhitze: etwa 220 °C Heißluft: etwa 200 °C

3. 75 g Butter in einer großen ofenfesten Tajine oder in einem großen Bräter zerlassen. Die Zwiebelwürfel darin bei mittlerer Hitze goldbraun braten. Knoblauchscheiben, Honig, Tomatenviertel und Ras el Hanout untermischen. Mit Salz würzen. Die Zutaten etwa 3 Minuten unter Rühren kräftig andünsten. Die Auberginenspalten hinzugeben und gut untermischen. Die Brühe hinzugießen. Die Tajine oder den Bräter mit einem Deckel verschließen und auf dem Rost in den vorgeheizten Backofen (unterste Einschubleiste) schieben. Auberginen-Tomaten- Tajine **etwa 45 Minuten garen.** Während der Garzeit das Gemüse 2-mal wenden.

4. Von den Feigen die harten Stiele abschneiden. Die Feigen in etwa 1 cm große Stücke schneiden und nach etwa 30 Minuten Garzeit unter die Auberginen-Tomaten-Tajine mischen.

5. In der Zwischenzeit die Mandeln in einer Pfanne ohne Fett unter Wenden goldbraun rösten. Restliche Zwiebeln abziehen und fein würfeln.

6. Nach etwa 35 Minuten Garzeit der Auberginen-Tomaten-Tajine die restliche Butter in einem Topf zerlassen. Die Zwiebelwürfel darin bei mittlerer Hitze goldbraun rösten, bis sie weich sind. Rosinen oder Sultaninen, Zimt, Cumin und Koriander untermischen und kurz mit anrösten. Couscous hinzugeben, mit Salz würzen und 300 ml Wasser hinzugießen.

7. Die Zutaten kurz aufkochen lassen. Dann den Topf von der Kochstelle nehmen und den Couscous zugedeckt etwa 5 Minuten quellen lassen.

8. Minzeblättchen abspülen und trocken tupfen. Den gequollenen Couscous mit 2 Gabeln auflockern. Couscous mit der Auberginen-Tomaten-Tajine anrichten. Mit Mandeln und Minze bestreuen und den Joghurt darauf verteilen oder dazu servieren.

AUBERGINEN MIT JOGHURT-SAUCE UND GERÖSTETEM BROT

ZUTATEN FÜR 4 PORTIONEN

2 Knoblauchzehen
6–7 EL Olivenöl
5 EL frisch gepresster Zitronensaft
3 kleinere Auberginen (je etwa 275 g)
1–2 TL gerebelter Oregano

2–3 Stängel frische Minze
1 Bund glatte Petersilie
500 g griechischer oder türkischer
   Joghurt
evtl. gem. Kreuzkümmel (Cumin)
   oder Zatar (orientalischer Würzmix)
400 g feine orientalische Brotfladen
½ Granatapfel

PRO PORTION:

E: 14 g, F: 29 g, Kh: 63 g, kcal: 595

1. Den Backofen vorheizen.
Ober-/Unterhitze: etwa 220 °C
Heißluft: etwa 200 °C

2. Knoblauch abziehen, fein würfeln
und mit etwas Salz fein zerreiben.
Mit Olivenöl und 2 Esslöffeln Zitronensaft verrühren.

3. Auberginen abspülen, trocken
tupfen und die Stängelansätze abschneiden. Die Auberginen in etwa
½ cm dicke Scheiben schneiden.
Die Auberginenscheiben auf beiden
Seiten mit dem Knoblauchöl bestreichen und auf einem Backblech (mit
Backpapier belegt) verteilen. Mit
Oregano bestreuen.

4. Das Backblech in den vorgeheizten Backofen schieben. Auberginenscheiben **etwa 25 Minuten rösten.**
Dabei nach 15 Minuten Röstzeit
wenden.

5. In der Zwischenzeit Minze und
Petersilie abspülen, trocken tupfen
und die Blättchen von den Stängeln
zupfen. Blättchen fein schneiden.
Mit Joghurt, etwas Salz, 2 Esslöffeln
Zitronensaft, evtl. etwas Kreuzküm-
mel oder Zatar und gemahlenem
Pfeffer verrühren.

6. Die Auberginenscheiben auf
einer Platte anrichten. Mit Salz
würzen. Mit restlichem Zitronensaft
beträufeln.

7. Die Brote in 3–5 cm breite Streifen
schneiden und im heißen Backofen
bei gleicher Backofentemperatur
oder in einer Pfanne ohne Fett leicht
anrösten.

8. Granatapfel aufbrechen, die
Kerne herauslösen. Joghurt und Granatapfelkerne auf den Auberginenscheiben verteilen, die Röst-Brot-
streifen dazu servieren.

GRIECHISCHER AUBERGINENSALAT

ZUTATEN FÜR 6 PORTIONEN

3 Auberginen (etwa 1,25 kg)

3 Zwiebeln

3 Knoblauchzehen

300 g Lauchzwiebeln

625 g Tomaten

120 g abgetropfte schwarze Oliven, ohne Stein

etwa 225 ml Olivenöl

3 EL Weißweinessig

PRO PORTION:

E: 4 g, F: 40 g, Kh: 13 g, kcal: 430

1. Die Auberginen abspülen, abtrocknen und die Stängelansätze abschneiden. Auberginen quer in etwa 1 cm dicke Scheiben schneiden, mit Salz bestreuen und etwa 15 Minuten stehen lassen.

2. In der Zwischenzeit Zwiebeln und Knoblauch abziehen, beides fein würfeln. Lauchzwiebeln putzen, abspülen, abtropfen lassen und in feine Scheiben schneiden.

3. Tomaten abspülen, abtrocknen, halbieren und die Stängelansätze herausschneiden. Tomaten in kleine Würfel schneiden. Die Oliven in Stücke schneiden. Zwiebel-, Knoblauchwürfel, Lauchzwiebelscheiben, Tomatenwürfel und Oliven in einer großen Schüssel vermischen.

4. Etwa 100 ml von dem Olivenöl mit dem Essig verrühren, mit Salz, gemahlenem Pfeffer und 1 Prise Zucker würzen. Die Marinade mit den Salatzutaten gut vermischen. Den Salat zugedeckt durchziehen lassen.

5. In der Zwischenzeit das restliche Olivenöl in einer großen Pfanne erhitzen. Die Auberginenscheiben mit Küchenpapier trocken tupfen und nebeneinander in der Pfanne von jeder Seite in 3–4 Minuten bei mittlerer bis starker Hitze goldbraun braten. Die gebratenen Auberginenscheiben auf Küchenpapier abtropfen lassen.

6. Den Salat nochmals durchmischen und mit den Gewürzen abschmecken. Die Auberginenscheiben leicht überlappend auf 6 Tellern oder einer großen Platte anrichten. Den Salat darauf verteilen.

BEILAGE:
Frisches oder gegrilltes Fladenbrot.

TIPPS:
Die Auberginen saugen – trotz des Salzens –relativ viel Öl auf. Das Abtropfen auf Küchenpapier verhindert, dass man unnötiges Fett zu sich nimmt.
Die Auberginenscheiben können auch auf dem Grill gegrillt werden. Dann die Auberginenscheiben mit dem Olivenöl bestreichen, bevor sie gegrillt werden.
Der Salat kann etwa 2 Stunden fertig zubereitet sein, bevor Sie die Auberginen braten.

● Zubereitungszeit: 30 Minuten
Einweichzeit: über Nacht
Garzeit: 25–30 Minuten
✚ Vegetarisch

AUBERGINEN-LINSEN-CURRY

ZUTATEN FÜR 4 PORTIONEN

125–150 g Teller- oder Belugalinsen

2 EL Pflanzenöl zum Anbraten

75–100 g Cashewkerne

2 Knoblauchzehen

2 Zwiebeln

3 Möhren (etwa 200 g)

125 g Staudensellerie

1 Stange Lauch (etwa 200 g)

800 g Auberginen

1 EL Tomatenmark

250 g Schlagsahne

etwa 150 ml Gemüsebrühe

mildes Currypulver

PRO PORTION:

E: 17 g, F: 34 g, Kh: 32 g, kcal: 534

1. Die Tellerlinsen mit Wasser bedeckt über Nacht einweichen. Belugalinsen haben eine kurze Garzeit und müssen nicht eingeweicht werden.

2. Am nächsten Tag Pflanzenöl in einem großen Schmortopf erhitzen. Die Cashewkerne darin unter Wenden anrösten, herausnehmen und auf einen Teller geben.

3. In der Zwischenzeit Knoblauch und Zwiebeln abziehen und fein schneiden. Möhren putzen, unter fließendem kalten Wasser abbürsten, abtropfen lassen und in Scheiben schneiden. Sellerie putzen, abspülen, abtropfen lassen. Sellerie mit dem Grün fein schneiden. Lauch putzen, die Stange längs halbieren, gründlich waschen, abtropfen lassen und in Streifen schneiden. Auberginen abspülen, abtropfen lassen und die Stängelansätze abschneiden. Auberginen in 2–3 cm große Würfel schneiden.

4. Zwiebeln, Knoblauch und Auberginenwürfel in dem Schmortopf im verbliebenen Pflanzenöl unter Rühren anbraten. Möhrenscheiben, Lauchstreifen, Sellerie und Tomatenmark hinzugeben und mit andünsten. Sahne und Brühe hinzugießen. Mit Salz, gemahlenem Pfeffer und reichlich Curry würzen. Das Gemüse zugedeckt etwa 5 Minuten bei schwacher Hitze kochen lassen.

5. Linsen abtropfen lassen, zum Gemüse geben und untermischen. Das Curry weitere 20–25 Minuten bei schwacher Hitze sämig kochen lassen. Evtl. noch etwas Brühe hinzugießen, sodass alle Zutaten knapp mit Flüssigkeit bedeckt garen.

6. Das Auberginen-Linsen-Curry vor dem Servieren nochmals mit Salz, Pfeffer und Curry abschmecken.

BEILAGE:

Joghurt (3,5 % Fett).

AUBERGINEN

Auberginen sind ein Nachtschattengewächs. Sie können in Form, Farbe und Größe variieren. Da die Früchte, vor allem unreife, Solanin enthalten, sollten sie nur gegart verzehrt werden. Sie reifen bei uns im August/September.

MEDITERRAN GEFÜLLTE AUBERGINEN

ZUTATEN FÜR 4 PORTIONEN

185 g Thunfisch in Olivenöl
  (aus der Dose)
2 Zwiebeln
3 Knoblauchzehen
500 g Fleischtomaten
2 mittelgroße Auberginen
  (je etwa 300 g)
3 EL Olivenöl
1 ½ TL gerebelte Kräuter der
  Provence
1 EL Tomatenmark
150 ml Gemüsebrühe
250 g abgetropfte weiße Bohnenkerne (aus der Dose)
50 g abgetropfte, fein eingelegte
  Kapern (aus dem Glas)

40 g Butter (zimmerwarm)
35 g Semmelbrösel

PRO PORTION:

E: 19 g, F: 27 g, Kh: 22 g, kcal: 424

1. Thunfisch mit dem Öl in einer Schüssel grob zerteilen. Zwiebeln und Knoblauch abziehen, in Scheiben schneiden bzw. in Ringe teilen. Tomaten abspülen, trocken tupfen, halbieren und die Stängelansätze herausschneiden. Tomaten in Würfel schneiden.

2. Die Auberginen abspülen, trocken tupfen und die Stängelansätze herausschneiden. Auberginen halbieren und das Fruchtfleisch bis auf einen etwa 1 cm breiten Rand herauslösen. Auberginenfruchtfleisch fein hacken.

3. Olivenöl in einer großen Pfanne erhitzen. Zwiebeln und Knoblauch darin braun anbraten. Auberginenfruchtfleisch hinzugeben, mit Salz, gemahlenem Pfeffer und 1 Teelöffel Kräutern der Provence würzen. Tomatenmark unterrühren und mit anrösten. Tomatenwürfel hinzugeben und die Zutaten zugedeckt unter gelegentlichem Wenden bei schwacher Hitze etwa 10 Minuten schmoren.

4. Den Backofen vorheizen.
Ober-/Unterhitze: etwa 200 °C
Heißluft: etwa 180 °C

5. Gut die Hälfte der Auberginenmischung und Brühe in eine große Auflaufform (gefettet) oder einen Bräter (gefettet) mit Deckel geben und vermischen. Die Auberginenhälften hineinsetzen, mit Salz und Pfeffer würzen. Restliche Auberginenmischung mit Bohnenkernen und Kapern mischen, kräftig würzen. Den Thunfisch kurz locker untermischen. Die Mischung in den Auberginenhälften verteilen.

6. Die Form oder den Bräter mit dem Deckel verschließen und auf dem Rost in den vorgeheizten Backofen schieben. Die gefüllten Auberginen **30–35 Minuten garen.**

7. In der Zwischenzeit Butter mit Semmelbröseln, etwas Salz und restlichen Kräutern der Provence verkneten. Die Form oder den Bräter aus dem Backofen nehmen, den Deckel entfernen. Die Buttermischung auf den Auberginenhälften verteilen. Die Form oder den Bräter wieder auf dem Rost in den heißen Backofen schieben. Die Auberginen **weitere 20–25 Minuten schmoren und überbacken.**

8. Auberginenhälften mit dem Schmorgemüse anrichten.

BEILAGE:
Fladenbrot.

⏱ Zubereitungszeit: 20 Minuten,
ohne Abkühlzeit
Garzeit: 8–10 Minuten

KARAMELLKIRSCHEN MIT COUSCOUS

ZUTATEN FÜR 8 PORTIONEN

750 g Sauerkirschen
750 ml Apfelsaft
½ Pck. Puddingpulver
    Vanille-Geschmack
2–4 EL Zucker
¼ Stange Zimt
1 Pck. Vanillin-Zucker
200 g Couscous (Instant)
2–3 EL Butter oder Margarine
evtl. 1–2 EL Mandelsirup
einige frische Minzeblättchen

Pro Portion:
E: 3 g, F: 6 g, Kh: 496 g, kcal: 256

1. Die Kirschen abspülen, abtropfen lassen, entstielen und entsteinen. 375 ml Apfelsaft abmessen. Puddingpulver mit etwa 4 Esslöffeln des abgemessenen Saftes anrühren. 1–2 Esslöffel Zucker in einem kleinen Topf bei schwacher bis mittlerer Hitze goldgelb karamellisieren. Den restlichen, abgemessenen Apfelsaft hinzugießen und den Karamell loskochen. Angerührtes Puddingpulver einrühren und unter Rühren kurz aufkochen lassen.

2. Kirschen und Zimtstange zu der Puddingmasse geben und kurz aufkochen lassen. Karamellkirschen erkalten lassen. Zimtstange entfernen.

3. Den restlichen Apfelsaft, 175 ml Wasser und Vanillin-Zucker in einem Topf zum Kochen bringen. Couscous unter Rühren einstreuen und auf der ausgeschalteten Kochstelle unter gelegentlichem Rühren 8–10 Minuten ausquellen lassen. Den Topf von der Kochstelle nehmen. Couscous abkühlen lassen.

4. Butter oder Margarine in einer Pfanne zerlassen. Den restlichen Zucker und Couscous hinzugeben, etwa 3 Minuten unter Rühren knusprig braten.

5. Couscous mit Karamellkirschen nach Belieben in Gläsern anrichten, evtl. mit Mandelsirup beträufeln und mit abgespülten, trocken getupften Minzeblättchen garnieren.

TIPP:

Als Hauptgericht reicht die Rezeptmenge für 4–5 Portionen.

● Zubereitungszeit: 30 Minuten
  Einkochzeit: etwa 45 Minuten
+ Vegetarisch
▲ Mit Alkohol

THYMIAN-KIRSCH-CHUTNEY ZU GRATINIERTEM ZIEGENKÄSE

ZUTATEN FÜR DAS CHUTNEY (ETWA 500 g / 8–10 PORTIONEN)

2 rote Zwiebeln (etwa 125 g)
4 Stängel frischer Thymian
800 g frische Sauerkirschen (etwa
    750 g entsteint gewogen)
1 EL Pflanzenöl zum Braten
50 g brauner Zucker
30 g flüssiger aromatischer Honig
100 ml trockener Rotwein
40 ml Balsamico-Essig
1 Lorbeerblatt, 2 Pimentkörner

ZUTATEN FÜR 4 PORTIONEN

FÜR DEN SALAT:

150 g Feldsalat
1 Kopf Radicchio (etwa 175 g)
1 Schalotte
1 TL süßer Senf
3–4 EL heller milder Balsamico-Essig
6 EL Olivenöl

FÜR DEN KÄSE:

8 Ziegenfrischkäse-Taler
    (je etwa 20 g)
4 EL Pinienkerne
2 TL brauner Zucker

PRO PORTION CHUTNEY:

E: 1 g, F: 2 g, Kh: 20 g, kcal: 491

PRO PORTION SALAT:

E: 7 g, F: 26 g, Kh: 8 g, kcal: 294

1. Für das Chutney Zwiebeln abziehen und fein schneiden. Thymian abspülen und trocken tupfen. Sauerkirschen entstielen, abspülen, abtropfen lassen und entsteinen. Pflanzenöl in einem Topf erhitzen. Die Zwiebeln und Thymian darin glasig dünsten. Zucker und Honig hinzugeben, bei schwacher Hitze schmelzen und karamellisieren. Mit Rotwein und Essig ablöschen.

2. Lorbeerblatt und Pimentkörner zum Ansatz geben. Die Kirschen hinzugeben. Mit etwas Salz und gemahlenem Pfeffer würzen. Die Mischung unter gelegentlichem Rühren etwa 45 Minuten ohne Deckel kochen lassen, bis eine leicht sirupartige Masse entstanden ist.

3. Für den Salat Salate verlesen, putzen, gründlich waschen und trocken schleudern. Den Radicchio mundgerecht zerzupfen. Schalotte abziehen und sehr fein würfeln. Schalottenwürfel, Senf, Salz, Pfeffer und Essig in einer Salatschüssel verrühren. Das Olivenöl unterschlagen.

4. Den Backofen vorheizen.
Ober-/Unterhitze: etwa 200 °C
Heißluft: etwa 180 °C

5. Für den Käse die Ziegenkäse-Taler auf einem Backblech (mit Backpapier belegt) oder in einer flachen Auflaufform (mit Backpapier ausgelegt) verteilen. Mit Pinienkerne und Zucker bestreuen.

6. Das Chutney mit Salz und Pfeffer abschmecken, nach Belieben warm oder kalt servieren.

7. Das Backblech in den vorgeheizten Backofen schieben und die Ziegenkäse-Taler gratinieren, bis der Zucker zu karamellisieren und die Taler zu schmelzen beginnen.

8. Salat, Käsetaler und jeweils etwas Chutney auf Tellern anrichten. Das Dressing daraufträufeln und sofort servieren.

TIPPS:

Restliches Chutney in ein vorbereitetes Glas mit Twist-off-Deckel® füllen und im Kühlschrank lagern. Hält sich 2–3 Wochen.
Schmeckt auch zu einer Käseplatte serviert sehr lecker.

🕐 Zubereitungszeit: 20 Minuten
  Garzeit: 35–45 Minuten
➕ Vegetarisch

TOSKANISCHER WIRSING-BOHNEN-EINTOPF

ZUTATEN FÜR 4 PORTIONEN

2 Knoblauchzehen

2 mittelgroße Zwiebeln (etwa 120 g)

3 EL Olivenöl

1 Lorbeerblatt

2 Stängel Thymian

½ Kopf Wirsing (etwa 800 g)

700 ml Gemüsebrühe

500 g festkochende Kartoffeln

ger. Muskatnuss

240 g abgetropfte große weiße
    Bohnenkerne (aus der Dose)

400 g stückige Tomaten
    (aus der Dose)

gereifter milder Balsamico-Essig
    oder Balsamicocreme zum
    Aromatisieren

75 g fein ger. Parmesan

PRO PORTION:

E: 19 g, F: 17 g, Kh: 33 g, kcal: 381

1. Knoblauch und Zwiebeln abziehen, fein schneiden. Olivenöl in einem großen Topf erhitzen. Knoblauch, Zwiebeln und Lorbeerblatt darin andünsten. Thymian abspülen, trocken tupfen und hinzugeben.

2. Wirsing putzen, abspülen, abtropfen lassen und in Spalten schneiden, den Strunk herausschneiden. Wirsing in Stücke schneiden, dabei nach Belieben die dicken Blattrippen entfernen (Blattrippen z. B. für eine Gemüsebrühe oder Gemüsebrühe-Würze; siehe Rezepte Seite 14/15 verwenden). Die Wirsingstücke zu den Knoblauch- und Zwiebelwürfeln in den Topf geben und mit andünsten. Die Brühe hinzugießen und zum Kochen bringen.

3. Kartoffeln schälen, abspülen, abtropfen lassen und halbieren. Kartoffelhälften zum Wirsing geben und untermischen. Mit Salz, gemahlenem Pfeffer und Muskat würzen. Die Zutaten zugedeckt bei mittlerer Hitze etwa 20 Minuten kochen lassen.

4. In der Zwischenzeit Bohnenkerne in ein Sieb geben, mit kaltem Wasser abspülen und abtropfen lassen.

5. Die Tomatenstücke mit dem Saft unter die Eintopfzutaten mischen, nochmals nachwürzen und alles weitere 10–15 Minuten kochen lassen.

6. Die Bohnen unter den Eintopf mischen und weitere 5–10 Minuten kochen lassen. Den Eintopf nochmals abschmecken, mit Essig oder Balsamicocreme und Parmesan anrichten.

WIRSING

Wirsing wird vom späten Frühling bis in den Winter geerntet, wobei die späten Sorten einen ausgeprägteren Kohlgeschmack aufweisen. Wirsing liefert vor allem Vitamin C und B-Vitamine. Der Energiegehalt liegt bei etwa 25 kcal pro 100 g geputzter Ware. Im Gemüsefach des Kühlschranks bleibt Wirsing etwa 1 Woche frisch.

PANZANELLA (BROTSALAT)

ZUTATEN FÜR 12 PORTIONEN

600 g Kastenweißbrot, in Scheiben
    geschnitten (ohne Rinde)
3 Bund Lauchzwiebeln
3 grüne Paprikaschoten (etwa 600 g)
6 EL Rotweinessig
6 EL Balsamico-Essig
1,8 kg Fleischtomaten
3 Knoblauchzehen
etwa 45 g abgetropfte Kapern
    (aus dem Glas)
125 ml Olivenöl
3 EL gehackte Petersilie

PRO PORTION:

E: 6 g, F: 11 g, Kh: 32 g, kcal: 258

1. Die Weißbrotscheiben in etwa
2 cm große Würfel schneiden. Die
Brotwürfel evtl. portionsweise in
einer großen Pfanne ohne Fett bei
mittlerer Hitze von allen Seiten in
8–10 Minuten hellbraun rösten.

2. Inzwischen die Lauchzwiebeln
putzen, abspülen, abtropfen lassen
und in sehr feine Scheiben schneiden.

3. Die Paprikaschoten halbieren,
entstielen, entkernen und die weißen
Scheidewände entfernen. Schoten
abspülen, abtropfen lassen und in
kleine Würfel schneiden.

4. Die Brotwürfel in einer großen
Schüssel mit den beiden Essigsor-
ten beträufeln und etwa 15 Minuten
durchziehen lassen.

5. In der Zwischenzeit die Tomaten
abspülen, abtrocknen, halbieren und
die Stängelansätze herausschneiden.
Je nach Größe die Tomaten vierteln
oder achteln und entkernen. Das
Fruchtfleisch in Stücke schneiden.
Knoblauch abziehen und durch eine
Knoblauchpresse drücken oder sehr
fein schneiden.

6. Lauchzwiebelscheiben, Paprikawürfel, Knoblauch, Kapern und
Olivenöl zu den eingeweichten
Brotwürfeln geben. Die Zutaten gut
vermischen, mit Salz und gemahlenem schwarzen Pfeffer würzen.

7. Die Tomatenstücke und die
Petersilie zuletzt unter den Salat mischen, nochmals mit Salz und Pfeffer
abschmecken. Den Brotsalat sofort
servieren.

TIPPS:

Wenn genügend Zeit ist, die Kapern
hacken. Ihr herb-würziger Geschmack verteilt sich dann besser
im Salat. Angebrochene Gläser im
Kühlschrank aufbewahren, dabei die
Kapern stets mit Flüssigkeit bedeckt
halten.
Für diesen Salat können Sie die Gemüsezutaten (siehe die Punkte 2 bis
4) 2–3 Stunden vor dem Servieren
vorbereiten und zugedeckt in den
Kühlschrank stellen. Die Brotwürfel
können ebenfalls geröstet werden.

RUCOLA-PASTA MIT PARMESAN-SAUCE

ZUTATEN FÜR 4 PORTIONEN

1 große Zwiebel (etwa 120 g)

1 große Knoblauchzehe

4 EL Olivenöl

350 g kurze Makkaroni

1 l Gemüsebrühe

100 g Rucola (Rauke)

½ Bund glatte Petersilie

300 g griechischer Joghurt
   (10 % Fett)

60 g ger. Parmesan

1–2 EL Zitronensaft

100 g luftgetrockneter Schinken, in
   hauchfeinen Scheiben, z. B. Parma-
   oder Serrano-Schinken

ZUM BESTREUEN:

evtl. etwas ger. Parmesan

PRO PORTION:

E: 28 g, F: 34 g, Kh: 69 g, kcal: 698

1. Zwiebel und Knoblauch abziehen, in Würfel schneiden. 2 Esslöffel Olivenöl in einem großen Topf erhitzen. Die Zwiebel- und Knoblauchwürfel darin glasig dünsten. Nudeln hinzugeben und die Brühe hinzugießen. Die Nudeln nach Packungsanleitung bissfest garen, dabei gelegentlich umrühren.

2. In der Zwischenzeit Rucola verlesen und die dicken Stängel abschneiden. Rucola abspülen, gut trocken tupfen oder trocken schleudern. Petersilie abspülen, trocken tupfen und die Blättchen von den Stängeln zupfen.

3. Petersilie mit restlichem Olivenöl, Joghurt, Parmesan und Zitronensaft pürieren. Das Püree unter die Nudeln rühren, unter Rühren erhitzen, aber nicht mehr kochen lassen. Alles noch kurz ziehen lassen, sodass die Nudeln die Sauce noch etwas aufnehmen. Pasta mit Salz und gemahlenem Pfeffer abschmecken.

4. Die Nudeln mit Rucola und Schinken auf Tellern anrichten. Nach Belieben zusätzlich Parmesan zum Bestreuen dazureichen.

🕐 Zubereitungszeit: 45 Minuten
 Garzeit: etwa 15 Minuten
✚ Vegetarisch

MÖHREN MIT QUINOA UND SCHAFSKÄSE GRATINIERT

ZUTATEN FÜR 4 PORTIONEN

170 g einfarbiges Quinoa
2 Schalotten (etwa 70 g)
200 g Staudensellerie
20 g getrocknete Tomaten
5 EL Olivenöl
500 ml Gemüsebrühe
1 ½ kg kleine Möhren
200 g Schafskäse

PRO PORTION:

E: 19 g, F: 25 g, Kh: 41 g, kcal: 464

1. Das Quinoa gründlich waschen und in einem Sieb abtropfen lassen. Die Schalotten abziehen, zuerst in Scheiben schneiden, dann in Ringe teilen.

2. Staudensellerie putzen, abspülen, abtropfen lassen und in schmale Scheiben schneiden. Selleriegrün beiseitelegen. Tomaten in schmale Streifen schneiden.

3. Zwei Esslöffel des Olivenöls in einem Topf erhitzen. Die Schalottenringe, Quinoa und Tomatenstreifen darin unter Rühren andünsten. 375 ml von der Brühe hinzugießen, zum Kochen bringen und zugedeckt etwa 12 Minuten bei mittlerer Hitze vorgaren. Selleriescheiben hinzugeben, etwa 5 Minuten mitgaren lassen.

4. In der Zwischenzeit Möhren putzen, schälen, dabei etwa 1 cm von den Stängelansätzen stehen lassen. Möhren abspülen und abtropfen lassen. Dicke Möhren der Länge nach halbieren oder vierteln.

5. Zwei weitere Esslöffel Olivenöl in einem großen, flachen Topf erhitzen. Die Möhren darin portionsweise andünsten. Die restliche Brühe hinzugießen und zum Kochen bringen. Möhren zugedeckt etwa 12 Minuten bei mittlerer Hitze dünsten.

6. Den Backofen vorheizen. Ober-/Unterhitze: etwa 200 °C Heißluft: etwa 180 °C

7. Quinoa-Gemüse mit Salz und gemahlenem Pfeffer würzen und in eine flache Auflaufform (etwa 2 ½-Liter-Inhalt, gefettet) geben. Möhren darauf verteilen.

8. Schafskäse trocken tupfen, in kleine Stücke teilen und auf die Möhren legen. Mit restlichem Olivenöl beträufeln. Die Form auf dem Rost in den vorgeheizten Backofen schieben. Möhren mit Quinoa in **etwa 15 Minuten goldbraun überbacken.**

9. Beiseitegelegtes Selleriegrün klein zupfen. Die gratinierten Möhren mit dem Selleriegrün garnieren.

TIPP:

Quinoa stammt aus Südamerika. Es hat sehr kleine, runde Körner, sieht ähnlich aus wie Hirse und kann auch so verwendet werden. Es ist glutenfrei. Im Bio-Handel werden rote oder weiße Körner oder eine Mischung aus weißen, roten und schwarzen Körnern angeboten. Im Geschmack ist Quinoa etwas feiner als Hirse.

BURRITOS MIT MÖHREN UND ZIEGENKÄSE

ZUTATEN FÜR 2 PORTIONEN

500 g bunte Möhren
2 EL Sonnenblumenöl
1 EL Butter
1 Bund Schnittlauch
4 Burritos (Teigfladen aus Weizenmehl, im Supermarkt erhältlich)
2 Ziegenfrischkäse-Taler (je 40 g)
2 EL Pinienkerne

PRO PORTION:

E: 17 g, F: 34 g, Kh: 67 g, kcal: 649

1. Den Backofen vorheizen.
Ober-/Unterhitze: etwa 180 °C +
Grillfunktion
Heißluft: etwa 160 °C + Grillfunktion

2. Die Möhren putzen, schälen,
abspülen, abtropfen lassen und
längs vierteln. Sonnenblumenöl in
einer großen Pfanne erhitzen. Die
Möhrenviertel darin von allen Seiten
anbraten, bis sie gut gebräunt sind.
Mit Salz und gemahlenem Pfeffer
würzen.

3. Die Butter und 1 Prise Zucker zu
den Möhrenvierteln in die Pfanne
geben und unter ständigem Rühren
kurz bei starker Hitze karamellisieren lassen.

4. Schnittlauch abspülen und trocken tupfen. Die Hälfte des Schnitt-
lauchs in feine Röllchen schneiden.

5. Die Möhrenviertel auf den
Teigfladen verteilen. Die restlichen
Schnittlauchhalme darauflegen und
die Teigfladen aufrollen.

6. Die Burritos mit der Nahtseite
nach unten auf ein Backblech (mit
Backpapier belegt) legen. Den Zie-
genfrischkäse darüberbröseln und

mit den Pinienkernen bestreuen.
Das Backblech in den vorgeheizten
Backofen schieben. Die Burritos
etwa 10 Minuten backen.

7. Die Burritos mit den beiseitegelegten Schnittlauchröllchen bestreut
servieren.

MÖHREN MIT PARMASCHINKEN

ZUTATEN FÜR 12 STÜCK

12 junge Möhren mit Grün
1 EL Balsamico-Essig
3 EL Olivenöl
6 Scheiben Parmaschinken

ZUM GARNIEREN:

1–2 Zweige Rosmarin

PRO STÜCK:

E: 2 g, F: 2 g, Kh: 2 g, kcal: 32

1. Möhren putzen und nach Belieben schälen, dabei jeweils etwas von dem Stiel stehen lassen. Möhren abspülen und abtropfen lassen.

2. Salzwasser in einem Topf zum Kochen bringen, die Möhren hinzugeben und in 4–5 Minuten bissfest garen. Dann die Möhren auf ein Sieb geben, kurz mit kaltem Wasser abschrecken und gut abtropfen lassen. Die Möhren in eine flache Schale legen.

3. Essig mit etwas Zucker verrühren, mit Salz und gemahlenem Pfeffer würzen. Das Olivenöl unterschlagen. Die Möhren mit der Marinade beträufeln und etwa 60 Minuten marinieren. Dabei die Möhren gelegentlich wenden.

4. Die Schinkenscheiben längs halbieren. Die Möhren aus der Marinade nehmen und mit je 1 Schinkenscheibe spiralförmig umwickeln.

5. Zum Garnieren Rosmarin abspülen, trocken tupfen und die Zweige kleiner zupfen oder die Rosmarinnadeln abzupfen. Die Möhren auf einer Platte anrichten, mit Rosmarin garniert servieren.

BEILAGE:

Dazu schmeckt frisches oder geröstetes Baguette.

TIPPS:

Wer die Möhren etwas weicher mag, gart sie 3–5 Minuten länger.
Die marinierten Möhren schmecken auch ohne Schinken sehr lecker.

REZEPTABWANDLUNG:

Die Hälfte der Möhren durch die gleiche Menge an Petersilienwurzeln ersetzen. Die Petersilienwurzeln putzen, schälen und abspülen. Die Garzeit der bissfesten Petersilienwurzeln variiert nach Größe und Dicke zwischen 6–8 Minuten.

ERRÖTENDES MÄDCHEN

ZUTATEN FÜR 4 PORTIONEN

300 g frische Himbeeren
8–10 Blatt Gelatine
Saft von 2 Zitronen (etwa 60 ml)
500 ml Buttermilch
75 g Zucker
1 Pck. Vanillin-Zucker
200 g Schlagsahne (mind. 30 % Fett)

ZUM GARNIEREN:

evtl. Zitronenmelisseblättchen

PRO PORTION:

E: 10 g, F: 17 g, Kh: 32 g, kcal: 333

1. Frische Himbeeren verlesen, evtl. kurz abspülen und gut trocken tupfen. 50 g Himbeeren zum Garnieren beiseitelegen. Die restlichen Himbeeren pürieren und durch ein Sieb streichen.

2. Die Gelatine nach Packungsanleitung einweichen. Die Gelatine leicht ausdrücken und in einem kleinen Topf mit dem Zitronensaft unter Rühren auflösen, leicht abkühlen lassen.

3. Vorbereitetes Himbeerfruchtmark, Buttermilch, Zucker und Vanillin-Zucker verrühren. Die Gelatine zuerst mit 4–5 Esslöffeln von der Himbeer-Buttermilch-Masse verrühren, dann unter die restliche Himbeer-Buttermilch-Masse rühren und zugedeckt in den Kühlschrank stellen.

4. Wenn die Masse beginnt dicklich zu werden, die Sahne steif schlagen und nach und nach unter die Himbeer-Buttermilch-Masse heben.

5. Die Masse in Schälchen oder Gläser füllen und zugedeckt für 4–5 Stunden in den Kühlschrank stellen.

6. Die Masse mit den beiseitegelegten Himbeeren und nach Belieben mit abgespülten, trocken getupften Zitronenmelisseblättchen garnieren.

TIPPS:

Um das Rot im Dessert noch mehr zu betonen, rote Gelatine verwenden. Wenn es besonders heiß ist, die größere Menge Gelatine verwenden, damit die Creme fest wird.
Sie können das Rezept auch mit der gleichen Menge Preiselbeeren, Preiselbeerkonfitüre oder roten Johannisbeeren zubereiten.
Sie können zusätzlich 50 g fein gemahlene Mandeln in die Süßspeise geben.

ROTE GRÜTZE

ZUTATEN FÜR 6 PORTIONEN

je 250 g Brombeeren, Johannisbeeren, Himbeeren, Erdbeeren (alle
Früchte vorbereitet gewogen)
35 g Speisestärke
100 g Zucker
500 ml Fruchtsaft, z. B. Sauerkirsch-
oder Johannisbeersaft

PRO PORTION:

E: 3 g, F: 1 g, Kh: 39 g, kcal: 193

1. Brombeeren verlesen, evtl. vorsichtig abspülen und gut abtropfen
lassen. Johannisbeeren abspülen, gut
abtropfen lassen und die Beeren von
den Rispen streifen. Himbeeren verlesen, nach Möglichkeit nicht abspülen. Erdbeeren abspülen, abtropfen
lassen, entstielen und je nach Größe
der Früchte halbieren oder vierteln.

2. Speisestärke mit Zucker mischen,
dann mit 4 Esslöffeln von dem Saft
anrühren. Den restlichen Saft in
einem Topf zum Kochen bringen.
Angerührte Speisestärke in den von
der Kochstelle genommenen Saft
rühren und unter Rühren aufkochen
lassen. Den Topf von der Kochstelle
nehmen und die vorbereiteten Beeren unterrühren.

3. Die Rote Grütze in eine Glasscha-
le oder in Dessertschälchen füllen
und zugedeckt in den Kühlschrank
stellen.

TIPPS:

Die Rote Grütze als Dessert mit Vanillesauce oder Sahne oder als süße
Mahlzeit für 4 Portionen mit Milch
servieren.

Für eine **selbst gemachte Vanillesauce** 1 Vanilleschote mit einem
Messer der Länge nach aufschneiden
und das Mark mit dem Messerrücken
herausschaben. 25 g Speisestärke mit
50 g Zucker mischen. Von 500 ml
Milch (3,5 % Fett) 3 Esslöffel abnehmen und mit der Stärke-Zucker-Mi-
schung anrühren. Die restliche Milch
mit dem Vanillemark in einem kalt
ausgespülten Topf zum Kochen
bringen. Den Topf von der Kochstelle nehmen und die angerührte
Speisestärke mit einem Schneebesen
einrühren. Sauce unter Rühren kurz
aufkochen lassen. Die Sauce heiß
servieren oder unter gelegentlichem
Rühren erkalten lassen.

HERBST

Entspannte Abende im Spätsommer, die immer wieder faszinierenden
Farben der Blätter und die Obst- und Weinernte prägen den „goldenen"
Herbst und machen ihn zu einer stimmungsvollen Jahreszeit voller
sinnlicher Genüsse. Der Herbst ist im eigenen Garten eine vielfältige
Erntezeit und belohnt die Mühen des Pflanzens durch viele schmackhafte
Früchte. Die letzten Sommergemüse sind reif, und es gibt schon Kürbisse
in allen Variationen ebenso wie Wirsing oder Lauch und Chicorée oder
Sellerie. Viele Apfelsorten prägen den Herbst und speichern durch ihre
lange Lagerungsfähigkeit die Farben und Aromen über den ganzen
Winter. Hauptsaison haben auch Walnüsse, Haselnüsse und Esskastanien.
Es ist genau die richtige Zeit für Ofengerichte, die schon bei der
Zubereitung verführerisch duften und Appetit machen. Wenn es draußen
langsam kühler wird, schmecken eine überbackene Zwiebelsuppe, eine
pikante Zwetschgentarte oder herzhafte Wirsing-Lasagne besonders gut.
Und was wäre der erste Wein ohne frischen Zwiebelkuchen?

RETTICH-GRÖSTL-PFANNE MIT FEINEN SCHINKENWÜRFELN

ZUTATEN FÜR 4 PORTIONEN

175 g Risoni (reisförmige Nudeln)

60 g gestiftelte Mandeln
800–900 g weißer Rettich
375 g Tomaten
½ Bund glatte Petersilie
1 große Zwiebel
3 EL Olivenöl
1 Prise Cayennepfeffer
200 magere Schinkenwürfel

PRO PORTION:

E: 26 g, F: 27 g, Kh: 40 g, kcal: 527

1. Die Nudeln in kochendem Salzwasser nach Packungsanleitung bissfest garen.

2. In der Zwischenzeit Mandeln in einer großen, beschichteten Pfanne ohne Fett unter Wenden anrösten, auf einen Teller geben und erkalten lassen. Den Rettich putzen und die zarten Blättchen beiseitelegen. Rettich unter fließendem kalten Wasser abbürsten und abtropfen lassen. Rettich in 4–5 cm lange, fingerdicke Stifte schneiden. Tomaten abspülen, trocken tupfen, halbieren und die Stängelansätze herausschneiden. Tomaten grob würfeln. Petersilie abspülen, trocken tupfen und die Blättchen von den Stängeln zupfen. Beiseitegelegte Rettichblättchen ebenfalls abspülen und trocken tupfen. Petersilie und Rettichblättchen klein schneiden.

3. Zwiebel abziehen und in feine Würfel schneiden. Olivenöl in einer Pfanne erhitzen. Die Zwiebelwürfel darin goldbraun braten. Rettichstifte hinzugeben und unter Wenden in 5–7 Minuten goldbraun braten. Mit Salz, gemahlenem Pfeffer, 1 Prise Zucker und Cayennepfeffer würzen.

4. Die gegarten Nudeln in ein Sieb geben, mit heißem Wasser abspülen und gut abtropfen lassen. Nudeln zu den Rettichstiften geben, alles durchschwenken und bei starker Hitze unter Wenden etwa 1 Minute braten.

5. Dann Tomatenwürfel und Mandeln untermischen und alles nochmals kurz erhitzen. Die Gröstl-Pfanne mit den Gewürzen abschmecken. Mit Schinkenwürfeln, Petersilie und Rettichblättchen bestreuen und alles in der Pfanne servieren.

RETTICH

Die mittellange, keilförmige oder runde weiße oder schwarze Rübe wird meist frisch geschält als rohes Gemüse, in Rohkostgerichten oder Salaten verzehrt. Die Senföle der Wurzel machen den charakteristischen scharfen Geschmack aus. Rettich kann ganzjährig angebaut werden. Er wird vom späten Frühling bis zum Winter geerntet, vor allem die Winterrettiche sind gut lagerfähig.

🕐 Zubereitungszeit: 25 Minuten
Garzeit: etwa 25 Minuten
✚ Vegetarisch

BOWL MIT SÜSSSAUREM RETTICH UND KICHERERBSEN-RATATOUILLE

ZUTATEN FÜR 4 PORTIONEN

1 Bund glatte Petersilie

½ Bund Basilikum

250 g abgetropfte Kichererbsen (aus der Dose)

2 Knoblauchzehen

3 große Zwiebeln (etwa 250 g)

400 g Fleischtomaten

2 EL Pflanzenöl zum Braten

1 EL Tomatenmark

2 TL selbst gemachte Gemüsebrühe-Würze (siehe Seite 14) oder etwas Gemüsebrühe-Pulver (instant)

1 Stängel vorbereiteter oder 1 TL gerebelter Rosmarin

750 g weißer oder schwarzer Rettich

1 EL Butter

1–2 TL milder flüssiger Honig (etwa Raps- oder Blütenhonig/ Frühtracht)

3–4 EL Zitronensaft oder heller Essig, z. B. Apfel-, Weißwein- oder heller Balsamico-Essig

evtl. Cayennepfeffer

1 kleiner Kopf Radicchio (etwa 150 g)

100 g abgetropfte schwarze Oliven mit Stein, z. B. Kalamata-Oliven

PRO PORTION:

E: 9 g, F: 14 g, Kh: 23 g, kcal: 284

1. Petersilie und Basilikum abspülen, trocken tupfen und die Blättchen von den Stängeln zupfen. Blättchen zugedeckt in den Kühlschrank legen. Stängel fein hacken. Kichererbsen in ein Sieb geben, mit kaltem Wasser abspülen und abtropfen lassen. Knoblauch und Zwiebeln abziehen. 1 Knoblauchzehe fein würfeln. Zwiebeln in Stücke schneiden. Die Tomaten abspülen, trocken tupfen, halbieren und die Stängelansätze herausschneiden. Tomaten in Würfel schneiden.

2. Einen Esslöffel Pflanzenöl in einem Topf erhitzen. Zwiebelstücke, Knoblauchwürfel und Kräuterstängel darin unter Wenden etwa 5 Minuten glasig andünsten. Dann Tomatenmark unterrühren und alles kurz anrösten. Die Tomatenwürfel und Gemüsebrühe-Würze hinzugeben. Mit Salz, gemahlenem Pfeffer und Rosmarin würzen. 100 ml Wasser hinzugießen, zum Kochen bringen und zugedeckt etwa 5 Minuten kochen lassen.

3. Dann die Kichererbsen unterrühren und alles weitere etwa 5 Minuten bei schwacher Hitze kochen lassen.

4. Den Rettich putzen, schwarzen Rettich schälen, weißen Rettich nach Belieben nur gründlich unter fließendem kalten Wasser abbürsten und trocken tupfen. Rettich in 3–4 cm lange und 1 cm breite Stifte schneiden.

5. Restlichen Knoblauch in Scheibchen schneiden. Butter und restliches Pflanzenöl in einer großen Pfanne zerlassen bzw. erhitzen, die Knoblauchscheiben darin goldbraun braten. Auf Küchenpapier abtropfen lassen. Rettich im verbliebenen Bratfett bei mittlerer Hitze goldbraun anbraten. Mit Honig beträufeln und leicht karamellisieren. Dann mit Zitronensaft oder Essig ablösen, alles durchschwenken, mit Salz, Pfeffer und nach Belieben etwas Cayennepfeffer würzen. Die Zutaten zugedeckt 5–8 Minuten mit noch leichtem Biss dünsten.

6. Radicchio putzen, in Blätter teilen, mit kaltem Wasser gut abspülen, trocken schleudern und in feine Streifen schneiden.

7. Oliven unter das Ratatouille mischen, kurz erhitzen und nochmals abschmecken. Glasierten Rettich abschmecken. Ratatouille, glasierten Rettich und Radicchio anrichten. Kalt gelegte Kräuterblättchen klein schneiden und darüberstreuen.

EXTRA-TIPP:

Der glasierte Rettich schmeckt auch abgekühlt als Antipasti. Mit körnigem Frischkäse und z. B. Brot serviert, wird daraus ein leichtes, vollwertiges, aber blitzschnell serviertes Essen.

● Zubereitungszeit: 25 Minuten
  Garzeit: 20–25 Minuten
✚ Vegetarisch

CREMESUPPE VOM GARTENRETTICH MIT RETTICH-CHIPS UND -SPROSSEN

ZUTATEN FÜR 4 PORTIONEN

750 g weißer Gartenrettich

1 säuerlicher Apfel
   (150 g), z. B. Boskop

250 g mehligkochende Kartoffeln

2 Zwiebeln

2 Knoblauchzehen

1 Stange Lauch (etwa 250 g,
   nur der weiße Teil)

etwa 100 ml hoch erhitzbares Pflanzenöl zum Braten und Frittieren

1 Lorbeerblatt

700 ml Gemüsebrühe

evtl. Meersalzflocken

125 g Crème fraîche

3 EL Zitronensaft

½ TL Bio-Zitronenschale
   (unbehandelt, ungewachst)

1 Kästchen Rettichkresse oder
   Gartenkresse

PRO PORTION:

E: 7 g, F: 31 g, Kh: 22 g, kcal: 413

1. Rettich putzen, zartes Grün abschneiden und beiseitelegen. Rettich gründlich unter fließendem kalten Wasser abbürsten und trocken tupfen. 150 g Rettich in sehr feine Scheiben hobeln. Die Scheiben mit etwa ½ Teelöffel Salz mischen und etwa 10 Minuten ziehen lassen.

2. In der Zwischenzeit restlichen Rettich grob würfeln. Apfel abspülen, abtrocknen, halbieren, entkernen und grob würfeln. Kartoffeln schälen, abspülen, abtropfen lassen und in grobe Stücke schneiden. Zwiebeln und Knoblauch abziehen, grob würfeln. Lauch putzen und den dunkelgrünen Teil abschneiden, anderweitig verwenden (z. B. für Gemüsebrühe oder Gemüsebrühe-Würze; siehe Seite 14/15). Lauch halbieren, die Stange längs halbieren, gründlich waschen und fein schneiden.

3. Zwei Esslöffel Pflanzenöl in einem Topf erhitzen. Zwiebel- und Knoblauchwürfel darin goldgelb anbraten. Kartoffelstücke, Rettichwürfel, Lauch und Apfelstücke hinzugeben und unter Rühren mit andünsten. Mit Salz, gemahlenem Pfeffer und Lorbeerblatt würzen. Die Brühe hinzugießen, zum Kochen bringen und das Gemüse zugedeckt in 20–25 Minuten weich kochen.

4. Zwischenzeitlich die Rettichscheiben abtropfen lassen und auf Küchenpapier sorgfältig trocknen. Das restliche Pflanzenöl in einer Pfanne erhitzen. Die Rettichscheiben in 2 bis 3 Portionen darin bei mittlerer Hitze unter Wenden goldbraun braten. Auf Küchenpapier abtropfen lassen. Nach Belieben mit Meersalz würzen.

5. Das Lorbeerblatt aus der Brühe entfernen. Die Zutaten im Topf nach Belieben pürieren oder zusätzlich durch ein Sieb passieren. Crème fraîche unter die Suppe rühren. Mit Salz, Pfeffer, Zitronensaft und -schale pikant würzig abschmecken.

6. Die Kresse vom Beet schneiden, abspülen und trocken tupfen. Beiseitegelegtes Rettichgrün ebenfalls abspülen, trocken tupfen und fein hacken. Die Cremesuppe in vorgewärmten tiefen Tellern oder Bowls verteilen. Mit Kresse, Rettichgrün und knusprigen Rettichscheiben garniert anrichten. Nach Belieben zusätzlich mit Meersalzflocken bestreuen.

KÜRBIS-GNOCCHI MIT PILZEN UND SALBEIBUTTER

ZUTATEN FÜR 4 PORTIONEN

700 g Hokkaido-Kürbis
300 g mehligkochende Kartoffeln
1 Eigelb (Größe M)
ger. Muskatnuss
400 g Pilze, z. B. Kräuterseitlinge
etwa 210 g Weizenmehl
3 EL Olivenöl

75 g Butter
16 schöne Salbeiblättchen
1 EL Paprikapulver edelsüß

PRO PORTION:

E: 14 g, F: 26 g, Kh: 55 g, kcal: 531

1. Den Backofen vorheizen. Ober-/Unterhitze: etwa 200 °C Heißluft: etwa 180 °C

2. Den Kürbis gründlich abspülen, abtropfen lassen und halbieren. Die Kerne und den faserigen Innenteil mit einem Löffel herausschaben. Den Kürbis (500 g) in schmale Spalten schneiden, auf einem Backblech (mit Backpapier belegt) verteilen und mit Salz bestreuen. Das Backblech in den vorgeheizten Backofen schieben. Die Kürbisspalten **etwa 25 Minuten garen.**

3. In der Zwischenzeit die Kartoffeln gründlich waschen, knapp mit Wasser bedeckt zum Kochen bringen, Salz hinzufügen. Die Kartoffeln zugedeckt etwa 25 Minuten garen.

4. Die gegarten Kartoffeln abgießen, abdämpfen und heiß pellen. Kartoffeln mit den gegarten Kürbisspalten durch eine Kartoffelpresse in eine Rührschüssel drücken, evtl. zwischendurch die Kürbisschale aus der Presse entfernen. Das Eigelb mit einem Kochlöffel unter die Kürbis-Kartoffel- Masse rühren. Mit Salz und Muskat würzen und erkalten lassen.

5. Inzwischen die Pilze putzen, evtl. kurz abspülen und gut abtropfen lassen. Größere Pilze in Scheiben schneiden.

6. Etwa 2 Liter Wasser zum Kochen bringen, 1–2 Teelöffel Salz hinzugeben. Wenn die Kürbis-Kartoffel-Mas-

se erkaltet ist, 140 g Mehl mit einem Kochlöffel unterarbeiten. Die Masse auf einer bemehlten Arbeitsfläche in 4 Portionen teilen. Jede Portion zu einer etwa 50 cm langen Rolle formen und in 2–2½ cm breite Stück schneiden.

7. Die Gnocchi in das Wasser (es darf sich nur leicht bewegen) geben und 2–3 Minuten gar ziehen. Die Gnocchi mit der Schaumkelle herausnehmen und auf ein Backblech geben. Den restlichen Teig in Portionen auf die gleiche Weise verarbeiten, dabei, falls nötig, einen Teil des restlichen Mehls unter die Masse kneten. Der Teig sollte weich sein und nur leicht kleben.

8. Olivenöl in einer sehr großen Pfanne erhitzen. Die Pilze darin 2–3 Minuten kräftig anbraten, dabei wenig rühren. Mit Salz und gemahlenem schwarzem Pfeffer leicht würzen.

9. Die Butter in einem kleinen Topf goldbraun rösten, mit Salz und Pfeffer würzen. In der Zwischenzeit die Salbeiblätter abspülen und trocken tupfen. Salbeiblätter und Gnocchi in den Topf geben und in der Butter erhitzen.

10. Die Gnocchi auf vorgewärmten Tellern anrichten, die Pilze darauf verteilen. Dann mit Paprika bestreuen und sofort servieren.

KÜRBIS-KNUSPER-FLADEN MIT HERBSTSALAT

ZUTATEN FÜR 4 PORTIONEN

FÜR DEN HEFETEIG:

175 ml Buttermilch (zimmerwarm)
21 g frische Hefe
½ TL flüssiger Honig
300 g Hokkaido-Kürbis (vorbereitet
  gewogen etwa 200 g)
250 g Dinkelmehl (Type 630)
etwa 2 ½ TL Meersalz

FÜR DEN HERBSTSALAT:

500 g Rote Bete
½ EL Walnussöl
etwas frischer oder ½ TL gerebelter
  Thymian
3 EL frisch gepresster Orangensaft

3 EL Kürbiskerne zum Bestreuen
  der Fladen

2 EL gehackte Walnusskerne
2 frische Zwiebeln mit Grün oder
  Lauchzwiebeln
1 Eichblattsalat
1 große reife Birne
1 TL flüssiger Honig
2 EL Walnussöl

PRO PORTION:

E: 20 g, F: 19 g, Kh: 70 g, kcal: 533

1. Für den Teig Buttermilch in eine kleine Schüssel geben. Die Hefe hineinbröckeln. Honig hinzugeben, glatt rühren und zugedeckt stehen lassen. Inzwischen von dem Kürbis das weiche Innere mit einem Esslöffel herausschaben. Kürbis gründlich abspülen und trocken tupfen. Das Kürbisfleisch fein raspeln.

2. Das Mehl in eine Rührschüssel geben. Hefe-Buttermilch hinzugießen, nach und nach zu einem festen Teig verkneten. Knapp 1 Teelöffel Salz und die Kürbisraspel gründlich unterkneten, bis ein glatter, recht weicher Teig entstanden ist. Den Teig weitere 3 Minuten kräftig durchkneten, zugedeckt beiseitestellen.

3. Für den Salat Rote Bete gründlich waschen, schälen, abspülen, abtropfen lassen und in Stifte oder Würfel schneiden. Öl in einer Pfanne erhitzen. Rote Bete darin kurz andünsten, mit Salz, gemahlenen Pfeffer und Thymian würzen. Den Orangensaft dazugießen. Die Pfanne von der Kochstelle nehmen.

4. Den Backofen vorheizen.
Ober-/Unterhitze: etwa 220 °C
Heißluft: etwa 200 °C

5. Den Teig nochmals kräftig durchkneten. Dann in 8 gleich großen Portionen auf einer sehr gut bemehlten Arbeitsfläche zu dünnen Fladen formen. Die Fladen auf 2 Backbleche (mit Backpapier belegt) legen, mit einem Kochlöffelstiel tiefe Mulden eindrücken.

6. Die Fladen mit den Kürbiskernen und dem restlichen Meersalz bestreuen. Die Backbleche nacheinander (bei Heißluft zusammen) in den vorgeheizten Backofen (bei Ober-/Unterhitze das Blech auf der untersten Schiene einschieben) schieben. Die Fladen **in etwa 15 Minuten knusprig backen.**

7. Inzwischen Nüsse in einer Pfanne ohne Fett unter Wenden rösten, dann auf einen Teller geben. Zwiebeln putzen und in feine Ringe schneiden. Salat putzen, zerteilen, die Blätter gründlich abspülen und trocken schleudern. Salat in mundgerechte Stücke zupfen.

8. Die Birne schälen, vierteln, entkernen und in schmale Spalten schneiden. Die vorbereiteten Salatzutaten in einer Schüssel anrichten. Honig und Walnussöl unter die Rote Bete mischen, nochmals abschmecken und über die Salatzutaten träufeln. Die heißen Kürbisfladen mit dem Salat anrichten und servieren.

🕐 Zubereitungszeit: 10 Minuten
   Backzeit: etwa 20 Minuten
➕ Vegetarisch

KÜRBIS-WEDGES AUS DEM OFEN

ZUTATEN FÜR 4 PORTIONEN

800 g Hokkaido-Kürbis
4 Knoblauchzehen
1 rote Peperoni
2 Stängel Rosmarin
6 EL Olivenöl
50 g Walnusskernhälften
1 Bio-Zitrone
   (unbehandelt, ungewachst)
400 g Joghurt (3,5 % Fett)

PRO PORTION:

E: 8 g, F: 28 g, Kh: 13 g, kcal: 347

1. Den Backofen vorheizen.
Ober-/Unterhitze: etwa 200 °C
Heißluft: etwa 180 °C

2. Den Kürbis putzen, gut abspülen, abtrocknen und halbieren. Die Kerne und den faserigen Innenteil mit einem Löffel herausschaben. Die Kürbishälften in etwa 1 cm dicke Spalten schneiden.

3. Knoblauch abziehen, auf ein Küchenbrett legen und mit der flachen Hand etwas anschlagen, sodass sie aufplatzen (erspart das Schneiden). Die Peperoni abspülen, abtrocknen und entstielen. Peperoni in dünne Ringe schneiden. Rosmarin abspülen, trocken tupfen und die Nadeln von den Stängeln zupfen, Nadeln grob zerschneiden.

4. Eine große flache Auflaufform mit etwa 2 Esslöffeln Olivenöl bestreichen. Kürbisspalten darin verteilen. Knoblauch, Peperoniringe, Rosmarin, restliches Olivenöl, Salz und gemahlenen Pfeffer hinzugeben und alles mit den Kürbisspalten gut vermischen. Spalten flach ausbreiten.

5. Die Form auf dem Rost oder das Backblech in den vorgeheizten Backofen schieben. Die Kürbis-Wedges **etwa 20 Minuten backen,** evtl. gelegentlich vorsichtig wenden.

6. In der Zwischenzeit für den Dip die Walnusskernhälften in einer Pfanne ohne Fett unter Wenden rösten, bis sie zu duften beginnen. Walnüsse herausnehmen, kurz abkühlen lassen und grob hacken.

7. Die Zitrone heiß abwaschen, abtrocknen und die Schale abreiben. Zitrone halbieren und den Saft auspressen. Den Joghurt mit Zitronensaft, -schale, Salz und Pfeffer abschmecken und mit den Walnusskernen verrühren. Kürbis-Wedges mit dem Joghurt-Dip anrichten.

TIPPS:

Der feine Eigengeschmack des Kürbis verträgt eine mutige Würzung: Variieren Sie die Kürbis-Wedges nach Belieben durch Zugabe von 2–3 Teelöffeln zerstoßenem Sternanis oder durch Zugabe von 2 Esslöffeln Currypulver.
Wedges passen zu gegrilltem oder kurz gebratenem Hähnchen- oder Schweinefilet, Rindersteak oder gebratenen Knoblauch-Scampi.

🕐 Zubereitungszeit: 30 Minuten
   Garzeit: 15–20 Minuten
✚ Vegetarisch

RAHMWIRSING

ZUTATEN FÜR 4 PORTIONEN

1 kg Wirsing
1 EL Butter
125 ml Gemüsebrühe
75 g Schlagsahne oder
   2 EL Crème fraîche
1 EL Schnittlauchröllchen

PRO PORTION:

E: 6 g, F: 10 g, Kh: 5 g, kcal: 134

1. Die groben äußeren Blätter des Wirsings entfernen. Wirsing vierteln und den Strunk herausschneiden. Kohlviertel in Streifen schneiden, waschen und abtropfen lassen.

2. Butter in einem Topf zerlassen, Wirsingstreifen darin andünsten, mit Salz und gemahlenem Pfeffer bestreuen. Brühe hinzugießen und zum Kochen bringen. Den Wirsing 15–20 Minuten garen. Sahne oder Crème fraîche unterrühren und kurz miterwärmen.

3. Den Rahmwirsing nochmals mit Salz und Pfeffer abschmecken. Mit Schnittlauchröllchen bestreut servieren.

TIPP:
Sie können zusätzlich etwas Sahne-Meerrettich unterrühren oder frisch geriebenen Meerrettich über den Wirsing geben.

WIRSING-LASAGNE MIT BOHNEN-KERNEN UND TOMATEN-BECHAMEL

ZUTATEN FÜR 6 PORTIONEN

FÜR DIE BÉCHAMEL-SAUCE:

40 g Butter
40 g Weizenmehl
150 ml Gemüsebrühe
600 ml Milch (3,5 % Fett)
1 TL Tomatenmark
1 Lorbeerblatt
1 TL gerebelter Thymian
4 EL ger. Parmesan

FÜR DIE LASAGNE:

700 g Wirsing
1 Knoblauchzehe
1 Zwiebel
2 EL Olivenöl
ger. Muskatnuss
250 g abgetropfte weiße Bohnenkerne (aus der Dose)
200 g Tomaten
600 g größere vorwiegend festkochende Kartoffeln (6 Stück)
125 g abgetropfter Mozzarella
100 g ger. Käse, z. B. Gouda

PRO PORTION:

E: 21 g, F: 25 g, Kh: 30 g, kcal: 444

1. Für die Sauce Butter in einem Topf zerlassen. Das Mehl darin unter Rühren andünsten. Mit Brühe und Milch unter Rühren ablöschen. Dabei darauf achten, dass keine Klümpchen entstehen. Tomatenmark, Lorbeerblatt und Thymian unterrühren. Die Sauce etwa 3 Minuten kochen lassen.

2. Für die Lasagne den Wirsing putzen, abspülen und abtropfen lassen. Den Wirsing in Spalten schneiden, den Strunk herausschneiden. Wirsing in feine Streifen schneiden, dabei die dicken Blattrippen aussortieren (z. B. für eine Gemüsebrühe-Würze; siehe Rezept Seite 14). Knoblauch und Zwiebel abziehen, fein würfeln. Olivenöl in einer Pfanne erhitzen. Die Wirsingstreifen darin unter Wenden anbraten. Mit Salz, gemahlenem Pfeffer und Muskat würzen. 200 ml Wasser hinzugießen und zum Kochen bringen. Den Wirsing zugedeckt etwa 15 Minuten dünsten.

3. Bohnen in ein Sieb geben, mit kaltem Wasser abspülen und abtropfen lassen. Tomaten abspülen, trocken tupfen, halbieren und die Stängelansätze herausschneiden. Tomaten in feine Würfel schneiden. Die Kartoffeln schälen, abspülen, abtropfen lassen und längs in feine Scheiben hobeln.

4. Den Backofen vorheizen. Ober-/Unterhitze: etwa 180 °C Heißluft: etwa 160 °C

5. Parmesan unter die Béchamel-Sauce rühren. Mit Salz, Pfeffer und Muskat kräftig abschmecken. Etwa 3 Esslöffel von der Sauce in eine Auflaufform (etwa 20 x 30 cm, gefettet) geben und verstreichen. Mit einer Lage Kartoffelscheiben auslegen. Mit Salz, Pfeffer und Muskat würzen, etwas Sauce daraufträufeln. Dann nach und nach lagenweise Wirsing, Bohnenkerne, Sauce, Kartoffelscheiben und Tomatenwürfel einschichten. Die einzelnen Schichten jeweils leicht in die Form pressen. Dabei mit einer Schicht Kartoffeln und Sauce abschließen.

6. Mozzarella in feine Scheiben schneiden und auf der Lasagne verteilen. Gouda darüberstreuen. Die Form auf dem Rost in den vorgeheizten Backofen schieben. Die Lasagne in **60–70 Minuten goldbraun backen.**

7. Die Form aus dem Backofen nehmen. Die Lasagne vor dem Anschneiden mindestens 10 Minuten ruhen lassen.

HERBSTLICHES GEMÜSE-PFANNENGYROS

ZUTATEN FÜR 4 PORTIONEN

1 kg Spitzkohl
2 EL Pflanzenöl zum Braten
600 g Pfannen-Gyros
    (von Hähnchen, Pute, oder
    Schwein; pfannenfertig gewürzt)
ger. Muskatnuss
250 ml Fleisch- oder Gemüsebrühe
250 g Schlagsahne
1 rote Paprikaschote (etwa 250 g)
2 TL Weizenmehl
1 Bund glatte Petersilie
140 g abgetropfter Gemüsemais
    (aus der Dose)

PRO PORTION:

E: 35 g, F: 51 g, Kh: 17 g, kcal: 688

1. Spitzkohl putzen, abspülen, abtropfen lassen und in 3–4 cm große Stücke schneiden. Dabei den Strunk und große Blattrispen entfernen. Blattrispen für eine Gemüsebrühe oder Gemüsebrühe-Würze (siehe Rezepte Seite 14/15) verwenden.

2. Das Pflanzenöl in einer großen beschichteten Pfanne bei starker Hitze erhitzen. Die Fleischmischung darin unter Wenden kurz scharf anbraten, aus der Pfanne nehmen und warm halten.

3. Den Spitzkohl im verbliebenen Bratfett unter Wenden anbraten. Mit etwas Salz, gemahlenem Pfeffer und Muskat würzen. Mit Brühe und 200 g Sahne ablöschen, zum Kochen bringen und zugedeckt etwa 10 Minuten schmoren.

4. In der Zwischenzeit Paprikaschote halbieren, entstielen, entkernen und die weißen Scheidewände entfernen. Schote in Stücke schneiden. Dann das warm gehaltene Fleisch und die Paprikastücke unter den Kohl mischen. Alles bei schwacher bis mittlerer Hitze zugedeckt weitere etwa 10 Minuten schmoren.

5. Restliche Sahne mit Mehl glatt verrühren. Petersilie abspülen, trocken tupfen und die Blättchen von den Stängeln zupfen, Blättchen klein schneiden.

6. Mais unter die Gyrospfanne mischen und etwa 2 Minuten erhitzen. Die angerührte Sahne dann unter die Gyrospfanne rühren und unter Rühren kurz kochen lassen. Gyrospfanne nochmals mit den Gewürzen abschmecken.

7. Die Gyrospfanne mit Petersilie bestreut anrichten.

BEILAGE:

Fladenbrot.

⏱ Zubereitungszeit: 25 Minuten,
ohne Abkühlzeit
Backzeit: 40–45 Minuten
✚ Vegetarisch

LAUCH-HEFESCHNECKEN MIT MARONEN UND PARMESANKRUSTE

ZUTATEN FÜR 8 PORTIONEN

FÜR DIE FÜLLUNG:

30 g abgetropfte, getrocknete
Tomaten (in Öl)
1 kg Lauch
2 Knoblauchzehen
1 Zwiebel
ger. Muskatnuss
50 g Walnusskernhälften
75 g gegarte Maronen (Esskastanien)
75 g Schlagsahne

FÜR DEN TEIG:

400–500 g fertiger Pizza- oder
herzhafter Hefeteig (aus dem
Kühlregal, eckig ausgerollt/
etwa 37 x 25 cm; auf Backpapier)

60 g frisch ger. junger Parmesan

PRO PORTION:

E: 10 g, F: 14 g, Kh: 30 g, kcal: 298

1. Für die Füllung von den Tomaten das Öl auffangen und 2 Esslöffel abmessen. Tomaten fein würfeln. Den Lauch putzen, die Stangen längs halbieren, gründlich waschen, abtropfen lassen und in Streifen schneiden. Knoblauch und Zwiebel abziehen, fein würfeln.

2. Das aufgefangene Tomatenöl in einer großen beschichteten Pfanne erhitzen. Zwiebel-, Knoblauchwürfel und Lauchstreifen darin unter Wenden etwa 5 Minuten braten. Mit Salz, gemahlenem Pfeffer und Muskat kräftig würzen.

3. Walnusskernhälften und Maronen hacken. Die Sahne zum gebratenen Lauch geben und ohne Deckel etwas einkochen lassen. Tomatenwürfel, Nusskerne und Maronen mit dem Lauch mischen und abkühlen lassen.

4. Für den Teig Pizza- oder Hefeteig nach Packungsanleitung vorbereiten. Evtl. den Teig etwa 30 Minuten vor der Verarbeitung aus dem Kühlschrank nehmen.

5. Den Backofen vorheizen.
Ober-/Unterhitze: etwa 180 °C
Heißluft: etwa 160 °C

6. Den Teig aus der Packung nehmen, mit dem Backpapier auf einer Arbeitsfläche entrollen. Die Teigränder vorsichtig rundherum vom Backpapier lösen. Die Lauchmischung auf dem Teig verteilen, dabei rundherum einen kleinen Rand frei lassen. Dann zügig arbeiten, damit der Teig nicht zu weich wird. Die kurzen Seiten etwas über die Füllung klappen. Teig und Füllung mithilfe des Backpapiers leicht anheben und nach und nach möglichst fest aufrollen.

7. Die Teigrollen in etwa 8 gleich große Scheiben schneiden. Teigscheiben mit den Schnittflächen nach oben in eine Springform (Ø 26 cm, mit Backpapier ausgelegt) setzen und mit Parmesan bestreuen.

8. Die Form auf dem Rost in den vorgeheizten Backofen schieben. Die Lauch-Schnecken **in 40–45 Minuten goldbraun backen.**

9. Die Form aus dem Backofen nehmen, auf einen Kuchenrost setzen und etwas abkühlen lassen. Hefe-Schnecken aus der Form lösen, nach Belieben ofenwarm oder auch abgekühlt servieren.

Zubereitungszeit: 30 Minuten
Garzeit: etwa 50 Minuten
+ Vegetarisch

LAUCH-CANNELLONI MIT TOMATEN UND DREIERLEI KÄSE

ZUTATEN FÜR 4 PORTIONEN

3 große Stangen Lauch (netto 800 g)

2 Knoblauchzehen

2 EL Olivenöl

ger. Muskatnuss

300 g Ricotta, Rahmfrischkäse oder körniger Frischkäse

2 Eigelb (Größe M)

1 TL gerebelte Kräuter der Provence

650 g Fleischtomaten

18–20 Cannelloni

100 g Schlagsahne

175 g ger. Käse

2 EL Semmelbrösel

3 EL ger. Parmesan

PRO PORTION:

E: 39 g, F: 40 g, Kh: 59 g, kcal: 774

1. Den Lauch putzen, die Stangen längs halbieren, gründlich waschen, abtropfen lassen und in feine Streifen schneiden. Knoblauch abziehen und fein schneiden.

2. Das Olivenöl in einer großen Pfanne erhitzen. Knoblauch und Lauchstreifen darin unter Wenden etwa 4 Minuten braten. Mit Salz, gemahlenem Pfeffer und Muskat würzen, in eine Schüssel geben und etwas abkühlen lassen. Ricotta oder Frischkäse mit Eigelb, Salz, Pfeffer und Kräutern der Provence verrühren.

3. Den Backofen vorheizen.
Ober-/Unterhitze: etwa 180 °C
Heißluft: etwa 160 °C

4. Die Tomaten abspülen, trocken tupfen, halbieren und die Stängelansätze entfernen. Tomaten fein würfeln, mit Salz und Pfeffer würzen. Eine Auflaufform (etwa 30 x 20 cm, gefettet) mit einer Schicht Tomaten auslegen.

5. Die Hälfte der Ricotta-Mischung mit Lauchstreifen mischen. Die Cannelloni mit der Lauch-Mischung füllen. Mit restlichen Tomatenwürfeln und restlicher Ricotta-Mischung in die Form schichten. Mit Sahne beträufeln. Käse daraufstreuen. Semmelbrösel mit Parmesan mischen und auf dem Käse verteilen.

6. Die Form auf dem Rost in den vorgeheizten Backofen schieben. Die Lauch-Cannelloni **in etwa 50 Minuten goldbraun backen.** Die Form evtl. mit Backpapier abdecken, falls die Käsekruste zu stark bräunt.

LAUCH

Lauch, auch Porree genannt, wird inzwischen das ganze Jahr geerntet. Schwefelhaltige ätherische Öle sind für den typischen Lauchgeruch und -geschmack verantwortlich. Im späten Frühjahr und im Sommer geerntet schmeckt der Lauch milder als der, der im Herbst und Winter geerntet wird.

ORIENTALISCHER LAUCH MIT BULGUR-TOPPING UND LABNEH

ZUTATEN FÜR 4 PORTIONEN

ZUM VORBEREITEN:

600 g Sahne-Joghurt, z. B. Sahne-Joghurt nach türkischer Art

FÜR DIE LABNEH-BEILAGE:

1 TL Zitronensaft
2 EL kalt gepresstes Olivenöl
evtl. etwas Zatar (orientalische Würzmischung aus Oregano, Ysop, Sesam, Sumach und Salz; erhältlich in orientalischen Lebensmittelgeschäften; ersatzweise gerebelter Thymian)

FÜR DAS GEMÜSE:

40 g Rosinen
400 ml Gemüsebrühe
1 Lorbeerblatt
150 g nicht zu feiner Bulgur (Weizengrütze)
2 Knoblauchzehen
1 TL gerebelter Thymian
4–5 EL Olivenöl
300 g zarte Möhren mit Grün
3 mittelgroße Stangen Lauch (etwa 800 g)
2 EL Butter
1–2 EL geschälte Sesamsamen
1 EL Schwarzkümmelsamen
40 g Walnusskernhälften
1 EL Butter

PRO PORTION:

E: 15 g, F: 51 g, Kh: 49 g, kcal: 737

1. Zum Vorbereiten ein feines Sieb mit Küchenpapier oder einem sauberen Leinentuch auslegen. Den Joghurt hineingeben und zugedeckt über Nacht im Kühlschrank abtropfen lassen.

2. Für das Gemüse Rosinen mit heißem Wasser überbrühen und ziehen lassen. 300 ml Brühe mit dem Lorbeerblatt in einem Topf aufkochen. Bulgur hineinstreuen, nochmals aufkochen lassen. Dann den Topf von der Kochstelle nehmen. Bulgur etwa 10 Minuten ausquellen lassen.

3. Den Backofen vorheizen. Ober-/Unterhitze: etwa 180 °C Heißluft: etwa 160 °C

4. Knoblauch abziehen und klein schneiden. Knoblauch und Thymian mit dem Olivenöl verschlagen. Möhren putzen, das zarte Grün abschneiden, abspülen, trocken tupfen und zugedeckt beiseitelegen. Möhren mit einer Gemüsebürste gründlich abbürsten und je nach Dicke längs halbieren oder vierteln.

5. Rosinen in einem Sieb gut abtropfen lassen. Lauch putzen, die Stangen gründlich waschen und abtropfen lassen. Den Lauch in etwa 10 cm lange Stücke schneiden und längs tief einschneiden, etwas auseinanderdrücken. Lauch und Möhren in einer großen Auflaufform (gefettet) verteilen, mit Salz und gemahlenem Pfeffer würzen. Mit dem Knoblauch-Öl beträufeln. Die

Form auf dem Rost in den vorgeheizten Backofen schieben. Das Gemüse **etwa 35 Minuten vorgaren.**

6. In der Zwischenzeit Butter, Sesam und Schwarzkümmel zum Bulgur geben, auflockern und durchmischen. Nusskerne hacken und untermischen.

7. Die Form aus dem Backofen nehmen, die Backofentemperatur um etwa 20 °C erhöhen. Zunächst Rosinen, dann den Bulgur-Nuss-Mix auf dem Gemüse verteilen. Die Form auf dem Rost in den heißen Backofen schieben. Das Gemüse mit dem Bulgur-Nuss-Mix **in weiteren etwa 10 Minuten garen und überbacken.**

8. Für die Labneh-Beilage den Joghurt in eine Schüssel geben, mit Zitronensaft und Olivenöl verrühren. Mit etwas Salz und evtl. Zatar abschmecken. Beiseitegelegtes Möhrengrün klein schneiden und daraufstreuen.

9. Das überbackene Gemüse mit der Labneh-Beilage anrichten.

LAUCH-HÄHNCHEN-SALAT MIT MANGO UND CURRYDRESSING

ZUTATEN FÜR 4 PORTIONEN

400 g Hähnchenbrustfilet
2 EL Sonnenblumenöl

400 g frische Tortellini, z. B. mit
 Käse-Spinat-Füllung

FÜR DAS DRESSING:

1 Knoblauchzehe
200 g Joghurt (3,5 % Fett)
100 g Crème fraîche
3 EL Olivenöl
mildes Currypulver
etwa 150 ml kräftige Gemüsebrühe

600 g Lauch
1 EL Butter
1 reife Mango (etwa 350 g)
½ Bund glatte Petersilie

PRO PORTION:

E: 34 g, F: 33 g, Kh: 26 g, kcal: 549

1. Den Backofen vorheizen.
Ober-/Unterhitze: etwa 140 °C
Heißluft: weniger geeignet
Eine Auflaufform auf dem Rost in
den Backofen schieben und mit
vorheizen.

2. Die Hähnchenbrust mit Küchenpapier abtupfen, mit Salz und gemahlenem Pfeffer würzen. Sonnenblumenöl in einer Pfanne erhitzen,
die Hähnchenbrust darin von allen
Seiten zartbraun anbraten und in
die vorgeheizte Auflaufform geben.
Hähnchenbrust **in 15–20 Minuten
fertig garen,** herausnehmen und
etwas abkühlen lassen.

3. Die Tortellini in kochendem
Salzwasser nach Packungsanleitung
garen. Tortellini abgießen, abtropfen
und kurz abkühlen lassen.

4. In der Zwischenzeit für das
Dressing Knoblauch abziehen, fein
würfeln, mit etwas Salz mischen und
ziehen lassen. Joghurt, Crème fraîche
und 2 Esslöffel Olivenöl in einer
Schüssel glatt verrühren. Knoblauch
mit dem Salz fein zerreiben und
unter den Joghurt rühren. Mit Salz,
gemahlenem Pfeffer und Curry würzig abschmecken.

5. Tortellini noch warm zum
Dressing geben und unterrühren.
Etwa 75 ml Brühe vorsichtig un-
termischen, unter gelegentlichem
Durchrühren erkalten lassen.

6. Inzwischen den Lauch putzen, die
Stangen längs halbieren, gründlich
waschen, abtropfen lassen und in
etwa ½ cm breite Streifen schneiden.

7. Restliches Olivenöl und Butter in
einer großen Pfanne erhitzen bzw.
zerlassen. Die Lauchstreifen darin
unter Wenden etwa 5 Minuten braten. Mit Salz, Pfeffer und Curry würzen. Lauchstreifen auf einen Teller
geben und etwas abkühlen lassen.

8. Hähnchenbrust in Stücke schneiden. Evtl. noch etwas Brühe unter die
Tortellini rühren, sodass ein cremiges Dressing entsteht. Lauchstreifen und Hähnchenbrustfiletstücke
untermischen. Den Salat nochmals
abschmecken und zugedeckt weitere
etwa 60 Minuten in den Kühlschrank
stellen und durchziehen lassen.

9. Zum Servieren die Mango schälen, das Fruchtfleisch vom Stein
schneiden. Mangofruchtfleisch
würfeln. Petersilie abspülen, trocken
tupfen und die Blättchen von den
Stängeln zupfen, Blättchen fein
schneiden. Kurz vor dem Servieren
das Mangofruchtfleisch unter den
Salat mischen, nochmals abschmecken und mit Petersilie bestreut
anrichten.

Zubereitungszeit: 30 Minuten
Garzeit: etwa 15 Minuten

KÄSE-LAUCH-SUPPE

ZUTATEN FÜR 4–6 PORTIONEN

3 Stangen Lauch (etwa 700 g)

3 EL Olivenöl

750 g Hackfleisch (halb Rind-,
    halb Schweinefleisch)

1 l Fleischbrühe

460 g abgetropfte Champignon-
    scheiben (aus dem Glas)

200 g Sahne- oder
    Kräuterschmelzkäse

PRO PORTION:

E: 37 g, F: 43 g, Kh: 7 g, kcal: 561

1. Lauch putzen, von den äußeren
Blättern befreien. Das Wurzelende
und dunkles Grün (etwa ¼ der Stange) abschneiden. Die Lauchstangen
längs halbieren, gründlich waschen
und abtropfen lassen. Den Lauch in
kleine Stücke schneiden.

2. Öl in einem großen Topf erhitzen.
Hackfleisch hinzufügen und unter
gelegentlichem Rühren anbraten.
Dabei die Fleischklümpchen mit
einer Gabel zerdrücken, mit Salz und
gemahlenem Pfeffer würzen.

3. Die Lauchstücke hinzufügen
und 1–2 Minuten andünsten. Die
Brühe hinzugießen und zum Kochen
bringen. Das Ganze zugedeckt etwa
15 Minuten bei mittlerer Hitze
köcheln lassen.

4. Die Champignonscheiben in
einem Sieb abtropfen lassen und
hinzugeben. Käse dazugeben und
unter Rühren bei schwacher Hitze
schmelzen lassen, dabei die Suppe
nicht mehr kochen lassen.

5. Die Käse-Lauch-Suppe mit Salz
und Pfeffer abschmecken.

TIPPS:

Die Suppe kann gut vorbereitet und
ohne Pilzscheiben und Schmelzkäse
nach dem Abkühlen eingefroren
werden.

Sie eignet sich gut als Partysuppe,
dazu die Zutaten verdoppeln oder
verdreifachen.

Statt frischer Fleischbrühe können
Sie auch Instant-Fleisch- oder Gemüsebrühe verwenden. Beachten Sie
dabei die Packungsanleitung.

Wer sich kalorienbewusst ernähren
möchte, nimmt kalorienreduzierten
Schmelzkäse (mit 9 % Fett).

ABWANDLUNG:

Wer keine Pilze mag, erhöht stattdes-
sen die Lauch- und Gehacktesmenge
auf je etwa 1 kg. Die anderen Zutaten
und die Zubereitung bleiben gleich.

🕐 Zubereitungszeit: 25 Minuten,
ohne Einweichzeit
➕ Vegan

SÜSSKARTOFFEL-FRIES MIT SALAD-BOWL

ZUTATEN FÜR 4 PORTIONEN

75 g Cashewkerne, z. B. Cashewkern-
bruch

FÜR DIE SÜSSKARTOFFEL-FRIES:

4–5 Blätter frischer Salbei (ersatzweise 1 TL getrockneter Salbei)
2 mittelgroße Süßkartoffeln
(je 250 g)
etwa 75 ml Pflanzenöl zum Frittieren

FÜR DEN SALAT:

2 kleine rote Zwiebeln
125 g rosé Champignons
2 kleine Paprikaschoten, z. B. gelb
oder rot
250 g feiner Blattsalate-Mix,
z. B. Rucola, Lollo bionda,
junger Spinat
1 Knoblauchzehe
2 EL Zitronensaft

PRO PORTION:

E: 9 g, F: 17 g, Kh: 36 g, kcal: 352

1. Cashewkerne großzügig mit heißem Wasser bedeckt mindestens 6 Stunden einweichen.

2. Für die Süßkartoffel-Fries Salbei abspülen, trocken tupfen und die Blätter von den Stängeln zupfen. Die Blätter grob schneiden und mit etwa 1 Teelöffel Salz in einem Mörser zerstoßen.

3. Süßkartoffeln schälen, waschen und längs auf einem stabilen Küchenhobel oder mit der Küchenmaschine in sehr feine Scheiben hobeln.

4. Öl in einem Wok oder in einer tiefen Pfanne stark erhitzen, die Süßkartoffelscheiben darin portionsweise braun frittieren, auf Küchenpapier abtropfen lassen. Mit dem Salbeisalz bestreuen.

5. Für den Salat die Zwiebeln abziehen und in feine Ringe schneiden. Pilze putzen, evtl. kurz abspülen und trocken tupfen. Pilze in dünne Scheiben schneiden.

6. Paprikaschoten halbieren, entstielen, entkernen, die weißen Scheidewände entfernen. Schotenhälften abspülen, abtropfen lassen und in Streifen schneiden. Salate verlesen, gründlich waschen, abtropfen lassen oder trocken schleudern.

7. Knoblauch abziehen und in Würfel schneiden. Cashewkerne abgießen, mit Knoblauch, 120 ml Wasser und Zitronensaft in einen stabilen Mixer geben und zu einem cremigen Dressing pürieren. Mit Salz und gemahlenem Pfeffer abschmecken.

8. Vorbereitete Salatzutaten und Süßkartoffel-Fries auf Tellern verteilen, das Dressing darüberträufeln und anrichten.

SÜSSKARTOFFEL

Süßkartoffeln sind spindel- bis walzenförmige, 10–15 cm lange Wurzelknollen mit hellgelber bis rotbrauner Rinde. Sie enthalten viel Stärke und Zucker. Süßkartoffeln lassen sich wie Kartoffeln zubereiten, z. B. kochen, braten oder backen.

GEMÜSEPÜREES

ZUTATEN FÜR JE 2 PORTIONEN

FÜR DAS BROKKOLI-PÜREE:

250 g Brokkoli
125 ml Gemüsebrühe
1 EL Crème fraîche
ger. Muskatnuss

PRO PORTION:

E: 5 g, F: 3 g, Kh: 4 g, kcal: 65

FÜR DAS KÜRBIS-PÜREE:

300 g Kürbis, z. B. Hokkaido oder
    Butternut
1 EL Butter
etwa 40 g Schlagsahne
    (mind. 30 % Fett)
ger. Muskatnuss

PRO PORTION:

E: 2 g, F: 14 g, Kh: 6 g, kcal: 163

FÜR DAS MÖHREN-PÜREE:

250 g Möhren
125 ml Gemüsebrühe
1 EL Crème fraîche

PRO PORTION:

E: 1 g, F: 2 g, Kh: 8 g, kcal: 70

FÜR DAS SELLERIE-PÜREE:

250 g Knollensellerie
125 ml Gemüsebrühe
1–2 TL Zitronensaft
1 EL Crème fraîche
ger. Muskatnuss

PRO PORTION:

E: 2 g, F: 3 g, Kh: 3 g, kcal: 57

BROKKOLI-PÜREE:
Brokkoli putzen, in Röschen teilen,
die Stängel abschneiden und schälen.
Brokkoli abspülen, abtropfen lassen
und in der kochenden Gemüsebrühe
8–10 Minuten garen. Den Brokkoli in einem Sieb abtropfen lassen
und anschließend pürieren. Crème
fraîche unterheben, Püree mit Salz
und Muskat abschmecken.

KÜRBIS-PÜREE:
Kürbis schälen, entkernen, grobe
Fasern entfernen und den Kürbis
würfeln. Kürbiswürfel in wenig
Salzwasser in einem Topf zugedeckt
in etwa 10 Minuten weich dünsten,
dann in einem Sieb abtropfen lassen.
Mit Butter und Sahne pürieren. Mit
Salz, gemahlenem Pfeffer und etwas
Muskat abschmecken.

MÖHREN-PÜREE:
Möhren putzen, schälen, abspülen,
abtropfen lassen und in Scheiben
schneiden. Die Möhrenscheiben in
der kochenden Gemüsebrühe etwa
10 Minuten garen, dann in einem
Sieb abtropfen lassen und pürieren.
Anschließend Crème fraîche unterheben, mit Salz und gemahlenem
Pfeffer abschmecken.

SELLERIE-PÜREE:
Sellerie putzen, schälen, abspülen,
abtropfen lassen, in Scheiben schneiden. Selleriescheiben in der kochenden Gemüsebrühe etwa 12 Minuten
garen, dann in einem Sieb abtropfen
lassen. Selleriescheiben mit Zitronensaft pürieren, Crème fraîche
unterheben, mit Salz und Muskat
abschmecken.

1: MÖHREN-PÜRREE

2: SELLERIE-PÜRREE

3: BROKKOLI-PÜRREE

4: KÜRBIS-PÜRREE

⏱ Zubereitungszeit: 35 Minuten
　Garzeit: 10–15 Minuten
✚ Vegetarisch
▲ Mit Alkohol

ÜBERBACKENE ZWIEBELSUPPE

ZUTATEN FÜR 4 PORTIONEN

etwa 600 g Zwiebeln
50 g Butter oder Margarine
850 ml Gemüsebrühe
150 ml Weißwein
30 g Butter
8 Scheiben Baguette
50 g ger. Parmesan

PRO PORTION:

E: 9 g, F: 21 g, Kh: 22 g, kcal: 341

1. Zwiebeln abziehen, halbieren und in dünne Streifen schneiden oder hobeln. Butter oder Margarine in einem Topf zerlassen. Die Zwiebelstreifen darin unter Rühren bei mittlerer Hitze andünsten.

2. Gemüsebrühe hinzugießen, zum Kochen bringen und zugedeckt 10–15 Minuten bei mittlerer Hitze gar kochen. Weißwein hinzugießen. Die Suppe mit Salz und geschrotetem weißen Pfeffer würzen.

3. Den Backofengrill vorheizen.

4. Die Butter in einer großen Pfanne zerlassen. Die Baguettescheiben darin von beiden Seiten goldgelb rösten.

5. Die Zwiebelsuppe in große, feuerfeste Suppentassen füllen. Die Baguettescheiben darauf verteilen und mit Parmesan bestreuen.

6. Die Suppentassen auf dem Rost unter den vorgeheizten Backofengrill schieben. Die Suppe kurz überbacken, bis der Käse leicht gebräunt ist.

7. Die überbackene Zwiebelsuppe sofort servieren.

TIPPS:

Die Zwiebelsuppe als kleines Gericht servieren. Als Vorspeise reicht die Menge für 6 Portionen. Dann 45 g Butter, 6 Baguettescheiben und 45 g Parmesan verwenden.

Falls Sie keine hitzebeständigen Suppentassen haben, können Sie die Baguettescheiben auch getrennt zubereiten. Dafür die Baguettescheiben auf ein mit Backpapier belegtes Backblech legen und mit Parmesan bestreuen. Das Backblech in den vorgeheizten Backofen schieben. Baguettescheiben bei Ober-/Unterhitze: etwa 220 °C, Heißluft: etwa 200 °C etwa 5 Minuten überbacken. Die Baguettescheiben vor dem Servieren auf die Suppe geben.

ZWIEBELFLEISCH

ZUTATEN FÜR 4 PORTIONEN

1 Möhre
1 Petersilienwurzel
250 g Zwiebeln
1 Schweinshaxe (etwa 1 ½ kg)
6 Pfefferkörner
2 Gewürznelken
1 Lorbeerblatt
375 ml Fleischbrühe (von der Haxe)
30 g Schweineschmalz
40 g Semmelbrösel
1 TL Kümmelsamen

PRO PORTION:

E: 62 g, F: 47 g, Kh: 16 g, kcal: 742

1. Möhre und Petersilienwurzel schälen, abspülen, abtropfen lassen und würfeln. Zwiebeln abziehen und in Scheiben schneiden.

2. Schweinshaxe mit Küchenpapier abtupfen und mit 2 ½ l Wasser in einen großen Topf geben. Salz, Pfefferkörner, Gewürznelken, Lorbeerblatt, Möhren- und Petersilienwürfel hinzugeben. Die Zutaten zum Kochen bringen und zugedeckt etwa 2 ½ Stunden garen.

3. Die gegarte Haxe herausnehmen und warm stellen. 375 ml von der Fleischbrühe abmessen und durch ein Sieb geben.

4. Schmalz in einem Topf erhitzen. Zwiebelscheiben darin glasig dünsten, durchgesiebte Brühe hinzugeben, zum Kochen bringen und etwa 20 Minuten kochen lassen.

5. Semmelbrösel unterrühren, mit Salz, gemahlenem Pfeffer, Kümmel und 1 Teelöffel Zucker würzen.

6. Das Haxenfleisch vom Knochen lösen. Fett entfernen und das Fleisch in Portionen teilen. Die Fleischschei-

ben in die Sauce geben und etwa 10 Minuten darin ziehen lassen.

BEILAGE:

Salzkartoffeln und Rohkostsalat aus Rotkohl, Möhren und Rettich.

TIPP:

Zwiebelfleisch mit grob gemahlenem Pfeffer bestreuen und 1 Esslöffel saure Sahne oder Crème fraîche daraufgeben.

ZWIEBELKUCHEN

ZUTATEN FÜR 4 PORTIONEN

250 g Weizenmehl (Type 55)

1 Pck. Trockenbackhefe

½ TL Zucker

1 TL Salz

6 EL Rapsöl

150 ml lauwarmes Wasser

1 kg Gemüsezwiebeln

2 EL Butter

1 TL Kümmelsamen

100 g durchwachsener Speck

1 EL gehackte Petersilie

PRO PORTION:

E: 11 g, F: 38 g, Kh: 56 g, kcal: 633

1. Mehl in eine Rührschüssel geben, sorgfältig mit der Hefe verrühren. Zucker, Salz, die Hälfte des Öls und Wasser hinzufügen. Mit einem Mixer (Rührstäbe) zunächst auf niedrigster, dann auf höchster Stufe zu einem glatten Teig verarbeiten.

2. Den Teig an einem warmen Ort so lange gehen lassen, bis er sich sichtbar vergrößert hat.

3. Zwiebeln abziehen, halbieren und in Streifen schneiden. Die Butter in einem großen Topf zerlassen. Die Zwiebelstreifen darin knapp gar dünsten, mit Salz, gemahlenem Pfeffer und Kümmel würzen.

4. Speck in feine Streifen schneiden. Speck und Petersilie unter die Zwiebeln rühren.

5. Den Backofen vorheizen. Ober-/Unterhitze: etwa 180 °C Heißluft: etwa 160 °C

6. Den Teig nochmals kurz durchkneten, auf einer bemehlten Arbeitsfläche zu einer runden Platte ausrollen. Den Teig in eine Springform (Ø 28 cm, gefettet) legen, dabei einen etwa 2 cm hohen Rand formen.

7. Die Zwiebel-Speck-Masse darauf verteilen, mit dem restlichen Öl bestreichen. Die Form auf dem Rost in den vorgeheizten Backofen schieben und **etwa 35 Minuten backen.**

ZWIEBEL

Die gewöhnliche braune Speisezwiebel wird bei uns von Juli bis Oktober geerntet. Neben den roten Zwiebeln sind die größeren Gemüsezwiebeln aufgrund ihres milderen Geschmacks beliebt.

Zubereitungszeit: 30 Minuten
Garzeit: 28–30 Minuten

KARTOFFEL-SELLERIE-GRATIN

ZUTATEN FÜR 4 PORTIONEN

250 g Knollensellerie
400 g festkochende Kartoffeln
125 ml Fleischbrühe
gerebelter Thymian
75 ml Olivenöl

40 g ger. Parmesan
einige Stängel Thymian

PRO PORTION:

E: 6 g, F: 24 g, Kh: 13 g, kcal: 287

1. Den Backofen vorheizen.
Ober-/Unterhitze: etwa 180 °C
Heißluft: etwa 160 °C

2. Sellerie putzen, schälen, abspülen, abtropfen lassen und in Scheiben schneiden. Kartoffeln schälen, abspülen, abtropfen lassen und evtl. mit einem Gemüsehobel in dünne Scheiben hobeln. Kartoffelscheiben in kochendem Salzwasser 2–3 Minuten blanchieren, anschließend mit kaltem Wasser abschrecken und in einem Sieb abtropfen lassen.

3. Kartoffel- und Selleriescheiben abwechselnd, fächerartig in eine große, flache Auflaufform (gefettet) schichten. Mit Brühe übergießen, mit Salz, gemahlenem Pfeffer und Thymian würzen, mit Olivenöl beträufeln.

4. Die Form auf dem Rost in den vorgeheizten Backofen schieben. Das Gratin **etwa 25 Minuten garen.**

5. Die Form aus dem Backofen nehmen. Die Backofentemperatur um etwa 20 °C erhöhen. Die Kartoffel- und Selleriescheiben mit Käse bestreuen.

6. Die Form wieder auf dem Rost in den heißen Backofen schieben. Die Kartoffel- und Selleriescheiben **3–5 Minuten gratinieren.**

7. Thymian abspülen, trocken tupfen und in kleine Zweige zupfen. Das Gratin mit den Thymianzweigen garniert servieren.

TIPPS:

Sie können für ein besonderes Essen den Sellerie durch 20 mittelgroße Steinpilze ersetzen.
Mit einem herzhaften Salat als Zwischengericht oder als Beilage zu Wildgerichten reichen.

KNOLLENSELLERIE

Knollensellerie hat einen ausgeprägt würzigen Geschmack. Die Farbe ist gelblich bis graubraun, innen ist die Knolle weiß. Sellerie kann roh als Salat verzehrt werden, man kann ihn mit Kartoffeln zu Püree verarbeiten oder, in Scheiben geschnitten und paniert, wie ein Schnitzel braten. 100 g liefern nur etwa 18 kcal, aber viele Ballaststoffe sowie Kalium und Beta-Carotin.

APFELGRATIN MIT FENCHEL

ZUTATEN FÜR 4 PORTIONEN

300 g Kartoffeln
600 g Äpfel
Saft von 1 Zitrone
500 g Fenchelknollen
2 Zwiebeln
200 g Doppelrahm-Frischkäse
150 g Joghurt (3,5 % Fett)
100 ml Milch (3,5 % Fett)
ger. Muskatnuss
40 g Rosinen
120 g ger., mittelalter Gouda
50 g ger. Parmesan
30 g Butter

PRO PORTION:

E: 25 g, F: 27 g, Kh: 48 g, kcal: 561

1. Die Kartoffeln schälen, abspülen, abtropfen lassen, in einem Topf knapp mit Salzwasser bedeckt, zugedeckt zum Kochen bringen und etwa 15 Minuten garen. Kartoffeln abgießen, in ein Sieb geben, mit kaltem Wasser abspülen und etwas abkühlen lassen. Die Kartoffeln in dünne Scheiben schneiden.

2. Äpfel schälen, vierteln und entkernen. Die Apfelviertel in Spalten schneiden und mit Zitronensaft beträufeln.

3. Den Backofen vorheizen.
Ober-/Unterhitze: etwa 200 °C
Heißluft: etwa 180 °C

4. Fenchel putzen, abspülen, abtropfen lassen, halbieren und in Streifen schneiden.

5. Abwechselnd Kartoffelscheiben, Apfelspalten und Fenchelstreifen in eine Gratinform (gefettet) schichten.

6. Zwiebeln abziehen, in kleine Würfel schneiden, mit Frischkäse, Joghurt und Milch verrühren. Mit Salz, gemahlenem Pfeffer, Muskat und Zucker würzen.

7. Die Frischkäse-Joghurt-Masse auf dem Gratin verteilen. Rosinen daraufgeben, mit Gouda und Parmesan bestreuen. Butter in Flöckchen daraufsetzen.

8. Die Form auf dem Rost in den vorgeheizten Backofen schieben. Das Gratin **etwa 35 Minuten garen.**

FENCHEL

Gemüse- oder Knollenfenchel stammt ursprünglich aus Vorderasien und dem Mittelmeerraum. In Deutschland hat er im Herbst Saison. Den Geschmack von Fenchel liebt man oder nicht. Fenchel ist ballaststoffreich, enthält Beta-Carotin und viel Vitamin C. Dazu ist er reich an Folsäure, Kalium, Kalzium und Eisen, liefert aber nur etwa 24 kcal pro 100 g.

APFEL-SELLERIE-ROHKOST

ZUTATEN FÜR 4 PORTIONEN

FÜR DIE MARINADE:

Saft von 2 Zitronen (100–120 ml)
2 EL flüssiger Honig
gem. Piment (Nelkenpfeffer)

4 Äpfel (etwa 600 g)
800 g Knollensellerie
40 g Walnusskernhälften
250 g Joghurt (1,5 % Fett)
100 g Kasseler-Aufschnitt oder
    geräucherter Putenbrust-
    Aufschnitt

PRO PORTION:

E: 12 g, F: 10 g, Kh: 32 g, kcal: 270

1. Für die Marinade Zitronensaft mit Honig verschlagen, mit Salz und Piment würzen.

2. Die Äpfel abspülen, abtrocknen, vierteln und entkernen. Sellerie schälen, abspülen und gut abtropfen lassen. Äpfel mit der Schale und Sellerie grob raspeln, unter die Marinade rühren.

3. Von den Walnusskernhälften 4 Stück beiseitelegen, die restlichen Walnusskernhälften grob hacken. Den Joghurt glatt rühren und unter die Apfel-Sellerie-Mischung rühren.

4. Apfel-Sellerie-Rohkost mit Kasseler-Aufschnitt oder Putenbrust-Aufschnitt anrichten und mit den beiseitegelegten Walnusskernhälften garniert und gehackten Walnusskernen bestreut servieren.

🕐 Zubereitungszeit: 40 Minuten
Garzeit: etwa 20 Minuten
✚ Vegetarisch

GEMÜSEPUFFER MIT KRÄUTERSCHMAND

ZUTATEN FÜR 4 PORTIONEN

FÜR ETWA 16 PUFFER:

250 g Möhren
1 großer Kohlrabi (etwa 350 g)
250 g Rote Bete
100 g ger. Käse, z. B. Emmentaler
1 TL süßer Senf
2 EL Schnittlauchröllchen
2 Eier (Größe M)
2 EL Weizenmehl
ger. Muskatnuss
6–8 EL Rapsöl

FÜR DEN KRÄUTERSCHMAND:

200 g Schmand (Sauerrahm)
200 g Joghurt (1,5 % Fett)
2 EL gemischte Kräuter,
z. B. Schnittlauchröllchen und
fein geschnittene Petersilie

PRO PORTION:

E: 17 g, F: 38 g, Kh: 20 g, kcal: 501

1. Für die Puffer Möhren und Kohlrabi putzen, schälen, abspülen und abtropfen lassen. Rote Bete gründlich waschen und schälen (am besten mit Einweghandschuhen). Das Gemüse auf der Haushaltsreibe fein reiben. Ein Sieb in eine Schüssel hängen. Geriebenes Gemüse hinein- geben und die Flüssigkeit mit einem Löffel ausdrücken. Die Flüssigkeit abgießen.

2. Die Gemüsemasse mit Käse, Senf, Schnittlauchröllchen, Eiern und Mehl verrühren. Die Puffermasse mit Salz, gemahlenem Pfeffer und Muskat würzen.

3. In 2 Portionen insgesamt 16 Ge- müsepuffer braten. Dafür portions- weise je 3–4 Esslöffel Öl in der Pfanne erhitzen. Für jeden Puffer 1 gehäuften Esslöffel der Puffermas- se mit etwas Abstand in die Pfanne geben . Die Teighäufchen mit einem Esslöffel etwas flach drücken . Die Puffer bei mittlerer bis starker Hitze von beiden Seiten je etwa 5 Minuten braten, dabei vorsichtig wenden.

4. Die fertigen Puffer aus der Pfanne nehmen und nebeneinander auf Küchenpapier legen. Weiteres über- schüssiges Fett mit Küchenpapier abtupfen. Die Gemüsepuffer evtl. warm stellen.

5. Für den Kräuterschmand Schmand mit Joghurt zu einer ge- schmeidigen Masse verrühren. Kräu- ter unterrühren und mit Salz, Pfeffer und 1 Prise Zucker abschmecken.

6. Die Gemüsepuffer mit dem Kräu- terschmand anrichten und servieren.

● Zubereitungszeit: etwa 30 Minuten
  Backzeit: 26–28 Minuten
✚ Vegetarisch
▲ Mit Alkohol

APFEL-SCHEITERHAUFEN

ZUTATEN FÜR 4 PORTIONEN

5 altbackene Brötchen
3 Eier (Größe M)
500 ml Milch (3,5 % Fett)
80 g zerlassene Butter
100 g Zucker
1 Pck. Bourbon-Vanille-Zucker
300 g Äpfel
½ gestr. TL gem. Zimt
2 EL Apfelsaft oder Rum
100 g Aprikosenkonfitüre
3 Eiweiß (Größe M)
1 EL Puderzucker

PRO PORTION:

E: 17 g, F: 26 g, Kh: 90 g, kcal: 673

1. Brötchen in Scheiben schneiden und in eine große Schüssel geben.

2. Die Eier trennen und das Eigelb mit der Milch, der Hälfte der zerlassenen Butter, 30 g Zucker und Vanille-Zucker verrühren. Über die Brötchen gießen.

3. Inzwischen das Eiweiß mit 30 g Zucker steif schlagen und zu den eingeweichten Brötchen geben.

4. Die Äpfel schälen, vierteln und entkernen, in Scheiben schneiden und in der restlichen Butter dünsten. Mit Zimtzucker (10 g Zucker und dem gemahlenen Zimt mischen) bestreuen.

5. Den Backofen vorheizen.
Ober-/Unterhitze: etwa 180 °C
Heißluft: etwa 160 °C

6. Die Hälfte der Brötchenmasse in eine Auflaufform (gefettet) geben, die Äpfel darauf verteilen. Mit der restlichen Brötchenmasse bedecken.

7. Den Apfelsaft oder Rum mit 60 g Aprikosenkonfitüre verrühren, auf der Brötchenmasse verteilen. Die Form in den vorgeheizten Backofen schieben und die Masse **etwa 20 Minuten backen.**

8. Inzwischen das Eiweiß mit dem restlichen Zucker steif schlagen, die restliche Konfitüre unterziehen.

9. Eischnee mit einem Teigschaber auf dem Auflauf verteilen, ein Gittermuster hineindrücken und **noch 6–8 Minuten im Backofen überbacken.**

10. Den Auflauf mit Puderzucker bestreut servieren.

TIPP:

Mit Vanillesauce oder -Eis servieren.

● Zubereitungszeit: 15 Minuten,
  ohne Ziehzeit
+ Vegetarisch

HOLUNDERBEERSUPPE

ZUTATEN FÜR 4 PORTIONEN

1 Bio-Zitrone
   (unbehandelt, ungewachst)
750 ml Holunderbeersaft
1 Stange Zimt
1 Apfel
20 g Speisestärke
3 EL kaltes Wasser

PRO PORTION:

E: 2 g, F: 0 g, Kh: 35 g, kcal: 152

1. Zitrone heiß abwaschen, abtrocknen. Die Schale dünn abschneiden und den Saft auspressen.

2. Holunderbeersaft, die Hälfte der Zitronenschale und Zimtstange einmal aufkochen, vom Herd nehmen und etwa 30 Minuten ziehen lassen.

3. Apfel schälen, vierteln, entkernen und in Spalten schneiden.

4. Die Apfelspalten mit Holunderbeer- und Zitronensaft sowie der restlichen Zitronenschale zum Kochen bringen.

5. Speisestärke mit Wasser anrühren, in die Suppe rühren und unter Rühren aufkochen lassen.

6. Die Suppe nach Belieben warm oder kalt servieren.

TIPPS:

Servieren Sie die Suppe mit Grießklößchen.
Sehr lecker schmeckt die Suppe auch, wenn Sie sie mit jeweils 1 Kugel Vanille-Eis servieren.

BRATAPFEL MIT CHEESECAKE-DIP

ZUTATEN FÜR 4 PORTIONEN

FÜR DEN CHEESECAKE-DIP:

175 g fettreduzierter Joghurt-
  Frischkäse
100 g fettreduzierter Joghurt nach
  griechischer Art (2 % Fett)
2 EL Zitronensaft
1 Pck. Bourbon-Vanille-Zucker
½– 1 EL feiner Zucker
  (oder Stevia-Streusüße
  nach Geschmack)

25 g ungesalzene Erdnusskerne
2 mittelgroße säuerliche Äpfel
2 TL Butter
2 TL flüssiger Honig oder Ahornsirup

evtl. gem. Zimt oder feine Meersalzflocken

PRO PORTION:

E: 4 g, F: 6 g, Kh: 18 g, kcal: 150

1. Für den Dip Frischkäse, Joghurt, Zitronensaft und Vanille-Zucker in einen hohen Rührbecher geben und mit einem Pürierstab aufmixen. Nach Geschmack mit Zucker oder Streusüße süßen.

2. Erdnusskerne in einem Blitzhacker nicht zu fein hacken.

3. Äpfel abspülen und abtrocknen. Aus den Äpfeln mit einem Kugelausstecher das Kerngehäuse großzügig entfernen. Äpfel in etwa 1 cm dicke Ringe schneiden.

4. Einen Teelöffel Butter in einer beschichteten Pfanne zerlassen. Die Hälfte der Apfelringe darin bei schwacher Hitze von beiden Seiten etwa 2 Minuten braten. 1 Teelöffel Honig oder Sirup daraufträufeln und schmelzen lassen. Mit der Hälfte der Erdnusskerne bestreuen, bei mittlerer Hitze unter Schwenken karamellisieren lassen und auf Desserttellern verteilen. Restliche Apfelringe auf die gleiche Weise zubereiten.

5. Apfelringe mit dem Cheesecake-Dip anrichten und nach Belieben mit Zimt oder Meersalzflocken bestreuen.

TIPPS:

Durch Erdnusskerne, Honig oder Ahornsirup und einen Cheesecake-Dip bekommt dieses Dessert eine amerikanische Geschmacksnote. Sie können die Erdnusskerne auch durch Mandeln, Hasel- oder Walnusskerne ersetzen.

● Zubereitungszeit: 50 Minuten,
ohne Kühlzeit
Backzeit: 35–40 Minuten

PIKANTE ZWETSCHGEN-TARTE MIT ZWEIERLEI KÄSE

ZUTATEN FÜR 12 STÜCKE

250 g Weizenmehl
½ gestr. TL Backpulver
150 g kalte Butter
1 Ei (Größe M)

275 g Zwetschgen
3 Stängel Thymian
2 große Lauchzwiebeln
150 g Crème fraîche
1 Eigelb (Größe M)

200 g junger Taleggio (ital. Weich-
    käse; alternativ z. B. Chaumes)
100 g Ziegenfrischkäse-Rolle
1 TL flüssiger Honig
50 g Pinienkerne

PRO PORTION:

E: 9 g, F: 22 g, Kh: 19 g, kcal: 314

1. Für den Teig Mehl mit Backpulver und ½ Teelöffel Salz in einer Rührschüssel mischen. Butter in Stückchen und Ei hinzugeben. Die Zutaten mit einem Mixer (Knethaken) kurz zu einem glatten Teig verkneten. Den Teig zu einer Scheibe formen und in Frischhaltefolie gewickelt etwa 30 Minuten in den Kühlschrank legen.

2. In der Zwischenzeit Zwetschgen entstielen, abspülen, abtrocknen, halbieren und entsteinen. Zwetschgen in Spalten schneiden. Thymian abspülen, trocken tupfen und die Blättchen von den Stängeln zupfen. Lauchzwiebeln putzen, abspülen, abtropfen lassen und fein schneiden.

3. Den Backofen vorheizen.
Ober-/Unterhitze: etwa 180 °C
Heißluft: etwa 160 °C

4. Den Teig auf einer leicht bemehlten Arbeitsfläche dünn zu einer runden Platte (Ø etwa 26 cm) ausrollen. Eine Tarteform (Ø 26 cm, gefettet, bemehlt) mit der Teigplatte auslegen. Den Boden mit einer Gabel mehrmals einstechen. Crème fraîche mit etwas Salz, gemahlenem Pfeffer, einigen Thymianblättchen und Eigelb verrühren. Die Creme auf dem Boden verstreichen.

5. Zwetschgenspalten auf der Creme verteilen. Taleggio in Scheiben schneiden. Taleggio und Ziegenkäse in Scheiben auf der Tarte verteilen. Restliche Thymianblättchen daraufstreuen. Mit Pfeffer würzen, Honig über die Ziegenkäsescheiben träufeln und mit Pinienkernen bestreuen.

6. Die Tarte auf dem Rost in den vorgeheizten Backofen (untere Einschubleiste) schieben. Die Tarte in **35–40 Minuten goldbraun backen.**

PFLAUMEN

Pflaumen gibt es in verschiedenen Unterarten und Sorten. Bekannt sind – neben den Pflaumen – vor allem Zwetschgen, Mirabellen und Reineclauden. Die zuckerhaltigen Früchte sind reich an Beta-Carotin und Kalium. Im getrockneten Zustand ist der Gehalt an Vitaminen, Mineralstoffen und Ballaststoffen zwar noch höher, aber auch der Zuckergehalt steigt dann an.

EXTRA-TIPP:

Wenn es einmal schnell gehen soll, einen fertigen neutralen Tarte-/Mürbeteig (aus dem Kühlregal; 300 g Packung rund ausgerollt) als Boden verwenden.

GEBACKENE KARAMELL-ZWETSCHGEN-BUCHTELN

ZUTATEN FÜR 8 PORTIONEN

FÜR DEN TEIG:

250 g Dinkelmehl (Type 630)
20 g frische Hefe
80 ml warme Milch
40 g Zucker
2 Eier (Größe M, zimmerwarm)
1 großzügige Prise Salz
75 g Butter (zimmerwarm)

FÜR DIE KARAMELLSAHNE:

75 g Sahne-Karamell-Bonbons
50 g Schlagsahne
1 Prise gem. Zimt

1,2 kg Zwetschgen

3 EL gehobelte Haselnusskerne
3 EL brauner Zucker

ZUSÄTZLICH:

30–40 g Weizenmehl zum Bestäuben
Puderzucker zum Bestäuben

PRO PORTION:

E: 8 g, F: 16 g, Kh: 52 g, kcal: 400

1. Für den Teig Mehl in eine Rührschüssel geben und in die Mitte eine Vertiefung eindrücken. Hefe hineinbröckeln, mit etwas Milch und Zucker verrühren und etwa 15 Minuten gehen lassen.

2. Anschließend restliche Zutaten für den Teig hinzufügen und mit einem Mixer (Knethaken) zunächst kurz auf niedrigster, dann auf höchster Stufe in etwa 5 Minuten zu einem glatten Teig verarbeiten.

3. Den Teig mit gut bemehlten Händen zu einer Kugel formen, in eine mit Mehl ausgestäubte Schüssel geben und zugedeckt an einem warmen Ort etwa 30 Minuten gehen lassen.

4. In der Zwischenzeit für die Karamellsahne die Bonbons fein hacken, mit der Sahne in einem kleinen Topf unter Rühren erhitzen, bis die Bonbons geschmolzen sind. Mit Zimt aromatisieren und handwarm abkühlen lassen.

5. Zwetschgen abspülen, trocken reiben, halbieren und entsteinen. Eine Auflaufform (20 x 30 cm, gefettet) mit einer Schicht Zwetschgenhälften auslegen.

6. Den gegangenen Teig mit sehr gut bemehlten Händen auf einer gut bemehlten Arbeitsfläche nochmals durchkneten. Dann in 8–10 gleich große Portionen teilen. Die Teigportionen jeweils zu Kugeln formen und mit Abstand zueinander in die Form auf die Zwetschgen setzen. Die restlichen Zwetschgenhälften dazwischen verteilen. Mit Haselnusskernen bestreuen. Zwetschgen mit Zimt und braunem Zucker bestreuen. Den Teig zugedeckt weitere 15–20 Minuten an einem warmen Ort gehen lassen.

7. In der Zwischenzeit den Backofen vorheizen.
Ober-/Unterhitze: etwa 180 °C
Heißluft: etwa 160 °C

8. Die Form auf dem Rost in den vorgeheizten Backofen (unterste Einschubleiste) schieben. Die Zwetschgen-Buchteln **etwa 25 Minuten backen.**

9. Nach etwa 25 Minuten Backzeit die Karamellsahne vorsichtig über die Buchteln und Zwetschgen träufeln. Die Buchteln **in weiterer etwa 10 Minuten goldbraun fertig backen.**

10. Die Buchteln mit Puderzucker bestäubt warm servieren.

ZWETSCHGEN-RÖSTER MIT GRATINIERTEN RICOTTA-NOCKEN

ZUTATEN FÜR 4 PORTIONEN

FÜR DIE ZWETSCHGENRÖSTER:

1 kg Zwetschgen
4 EL Zitronensaft
2 TL Speisestärke
2–3 EL brauner Zucker
½ TL gem. Zimt

FÜR DIE RICOTTA-NOCKEN:

250 g Ricotta (ital. Frischkäse)
1 TL fein ger. Bio-Zitronenschale
   (unbehandelt, ungewachst)
3 EL Dinkelgrieß (70 g)
1 EL Semmelbrösel (15 g)
1 Ei (Größe M)
1 EL Weizenmehl (15 g)
1 ½ EL Butter
1 ½ EL brauner Zucker

PRO PORTION:

E: 12 g, F: 12 g, Kh: 52 g, kcal: 390

1. Den Backofen vorheizen.
Ober-/Unterhitze: etwa 180 °C
Heißluft: etwa 160 °C

2. Für die Zwetschgenröster die Zwetschgen entstielen, abspülen, abtrocknen, halbieren und entsteinen. Die Zwetschgen in Spalten schneiden. Zwetschgen mit Zitronensaft mischen. Speisestärke, Zucker und Zimt gut verrühren und unter die Zwetschgenspalten mischen. Die Zwetschgenspalten in einer großen oder mehreren Portions-Auflaufformen (gefettet) mischen.

3. Die Form oder Formen zugedeckt auf dem Rost in den vorgeheizten Backofen schieben. Zwetschgenspalten **etwa 40 Minuten schmoren.**

4. In der Zwischenzeit für die Nocken Ricotta mit 1 Prise Salz, Zitronenschale, Grieß, Semmelbröseln, Ei und Mehl gut zu einer glatten Masse verrühren. Die Masse zugedeckt etwa 30 Minuten ziehen lassen.

5. In einem Topf reichlich Wasser zugedeckt zum Kochen bringen, Salz hinzugeben. Mit zwei Esslöffeln Knödel vom Teig abstechen und ins kochende Wasser gleiten lassen. Temperatur reduzieren. Die Ricotta-Nocken etwa 10 Minuten gar ziehen lassen.

6. Den Backofengrill vorheizen. Die Form oder Formen mit dem Zwetschgenröster aus dem Backofen nehmen. Die Ricotta-Nocken abtropfen lassen, auf den Zwetschgenspalten verteilen. Butter in feinen Stückchen auf die Nocken geben und mit Zucker bestreuen.

7. Die Ricotta-Nocken unter dem heißen Grill kurz gratinieren, bis Butter und Zucker angeschmolzen sind.

WINTER

Ein Spaziergang durch die Kälte, dann zurück ins Warme kommen und eine deftige heiße Suppe auf dem Herd haben – das ist das richtige Wintergefühl. Noch besser schmeckt es, wenn der Eintopf aus dem eigenen Garten kommt. Wer richtig pflanzt, kann immer frische Gemüse wie Steckrüben, Pastinaken oder Sellerie auf den Tisch bringen. Dabei macht sich eine gute Planung bezahlt: Zwischen Aussaat und Ernte von Wirsing, Rosenkohl oder Grünkohl vergehen bis zu vier Monate. Belohnt wird man dann aber mit schmackhaften Blättern, die durch den Frost erst den richtigen Aromakick bekommen und ganz klassisch oder auch als Chips zubereitet werden können. Und Pommes oder Wedges müssen nicht immer aus Kartoffeln entstehen – auch Rote Bete, Steckrüben, Sellerie oder Pastinaken lassen sich so als leckere kleine Snacks oder Beilagen zubereiten. Und Wintersalate sind alles andere als langweilig: Feldsalat, Chicorée und Radicchio mit Birnen und Nüssen oder ein Coleslaw mit scharfen Garnelen machen Lust auf mehr!

Zubereitungszeit: 30 Minuten
Garzeit: etwa 35 Minuten
▲ Mit Alkohol

STECKRÜBEN-RISOTTO MIT NUSSBRÖSELN ZU MINUTEN-STEAKS

ZUTATEN FÜR 4 PORTIONEN

800 g Steckrübe
8 Stängel frischer Majoran oder
    1–2 TL gerebelter Majoran
etwa 1 l heiße Gemüsebrühe
2 Schalotten
1 Knoblauchzehe
80 g Butter
200 g Risotto-Rundkornreis,
    z. B. Carnaroli oder Aborio
125 ml trockener Weißwein

FÜR DIE KNUSPERBRÖSEL:

2 EL gehackte Haselnusskerne
4 EL Semmel- oder Pankobrösel
150 g Mascarpone (ital. Frischkäse)

ZUSÄTZLICH:

8 kleine Minutensteaks vom Rind
    (je 75–100 g)
2 EL hoch erhitzbares Pflanzenöl
    zum Braten
evtl. einige Stängel Majoran

PRO PORTION:

E: 45 g, F: 55 g, Kh: 63 g, kcal: 944

1. Steckrübe putzen, schälen, abspülen, abtropfen lassen und in etwa 1 cm feine Würfel schneiden. Majoran abspülen und trocken tupfen. 700 ml Brühe und Majoran in einem Topf zugedeckt zum Kochen bringen. Steckrübenwürfel hinzugeben, wieder zum Kochen bringen und zugedeckt 8–10 Minuten mit noch leichtem Biss garen.

2. Die restliche Brühe in einem Topf erhitzen. Schalotten und Knoblauch abziehen, fein schneiden. 2 Esslöffel Butter in einem Topf zerlassen, Schalotten und Knoblauch darin glasig dünsten. Den Reis hinzugeben und unter Rühren glasig dünsten. Zunächst mit restlicher Brühe, dann mit Weißwein ablöschen und unter Rühren einkochen lassen.

3. Die gegarten Steckrübenwürfel in einem Sieb abtropfen lassen, die Kochbrühe dabei auffangen.

4. Dann die heiße Kochbrühe nach und nach in kleinen Portionen zum Reis gießen, unterrühren und kochen lassen, sodass der Reis stets knapp mit Flüssigkeit bedeckt 15–18 Minuten mit noch leichtem Biss gart.

5. In der Zwischenzeit für die Knusperbrösel restliche Butter, Nusskerne und Brösel in einer Pfanne bei mittlerer Hitze unter Wenden knusprig rösten.

6. Eine weitere Pfanne bei starker Hitze erhitzen. Die Steaks mit Küchenpapier abtupfen und mit Pflanzenöl bestreichen. Steaks bei starker Hitze von jeder Seite 1–2 Minuten braten. Mit Salz und gemahlenem Pfeffer würzen und auf einen vorgewärmten Teller geben. Steaks zugedeckt 3–4 Minuten ziehen lassen.

7. Die Steckrübenwürfel unter den Reis rühren, weitere 8–10 Minuten mitkochen lassen. Mascarpone unter das fertige Risotto rühren und abschmecken.

8. Risotto mit den Knusperbröseln und Steaks anrichten, nach Belieben mit abgespülten, trocken getupften Majoranblättchen garniert servieren.

STECKRÜBEN-WEDGES ZU BUNTEM GEMÜSE-ZAZIKI

ZUTATEN FÜR 4 PORTIONEN

FÜR DIE STECKRÜBEN-WEDGES:

1 kleine Steckrübe
  (900 g, netto 700 g)
3 Stängel frischer oder
  ½ TL gerebelter Majoran
Paprikapulver edelsüß
evtl. gem. Kreuzkümmel (Cumin)
30 g gehackte Mandeln
35 g Sonnenblumenkerne
20 g ger. Parmesan
50 g Panko- oder Semmelbrösel
5 EL Olivenöl
feines Meersalz

FÜR DAS GEMÜSE-ZAZIKI:

1 Knoblauchzehe
1 kleine rote Paprikaschote
500 g Sahnequark oder Sahne-
  Joghurt nach griechischer oder
  türkischer Art
2 EL frisch gepresster Zitronensaft
140 g abgetropfter Gemüsemais
  (aus der Dose)
2 Lauchzwiebeln

PRO PORTION:

E: 24 g, F: 37 g, Kh: 34 g, kcal: 578

1. Für die Wedges die Steckrübe putzen, schälen, abspülen, abtropfen lassen. Steckrübe zunächst in etwa 1 cm dicke Scheiben, dann in 6–7 cm lange Spalten/Stifte/Wedges schneiden. Majoran abspülen und trocken tupfen. Etwas Wasser und Majoran in einem Topf zum Kochen bringen, Salz hinzugeben. Die Steckrüben-Wedges zugedeckt darin etwa 5 Minuten vorkochen.

2. In der Zwischenzeit für das Zaziki Knoblauch abziehen, fein würfeln und mit etwas Salz fein zerreiben. Paprikaschote halbieren, entstielen, entkernen und die weißen Scheidewände entfernen. Schote abspülen, trocken tupfen und sehr fein würfeln. Quark oder Joghurt mit Knoblauchwürfeln, gemahlenem Pfeffer und Zitronensaft verrühren, abschmecken. Paprikawürfel und Mais unterrühren. Die Lauchzwiebeln putzen, abspülen, abtropfen lassen und fein schneiden. Gemüse-Zaziki mit Lauchzwiebeln bestreut in einer Schüssel anrichten.

3. Den Backofen vorheizen.
Ober-/Unterhitze: etwa 200 °C
Heißluft: etwa 180 °C

4. Pfeffer, etwas Salz, Paprika, etwas Kreuzkümmel, Mandeln und Sonnenblumenkerne in einen Blitzhacker geben und grob mixen. Parmesan und Brösel untermischen. Die vorgegarten Steckrübenwedges gut abtropfen lassen und trocken tupfen. Mit Olivenöl in einer Schüssel mischen. Die Mandel-Sonnenblumenkern-Mischung daraufstreuen und alles gut vermischen. Alles auf einem Backblech (mit Backpapier belegt) oder in einer großen Auflaufform (gefettet) verteilen.

5. Das Backblech oder die Form auf dem Rost in den vorgeheizten Backofen schieben. Die Steckrüben-Wedges **in 20–25 Minuten knusprig rösten.**

6. Die Wedges mit Meersalz bestreuen und auf Tellern verteilen. Gemüse-Zaziki dazu servieren.

TIPP;

Die Wedges schmecken frisch aus dem Ofen serviert am besten.

SELLERIESTAMPF MIT KALBSMEDAILLONS IN KRÄUTERHÜLLE

ZUTATEN FÜR 4 PORTIONEN

FÜR DEN SELLERIESTAMPF:

600 g Knollensellerie
  (geschält etwa 420 g)
500 g mehligkochende Kartoffeln

FÜR DIE MEDAILLONS:

4–6 Kalbsmedaillons (je 80–90 g,
  alternativ Schweinefilet-Medail-
  lons oder Putenfilet)
1 EL Sonnenblumenöl
½ Bund Basilikum
½ Bund glatte Petersilie
evtl. 1 TL Bio-Orangenschale
  (unbehandelt, ungewachst)

120 g Kochsahne (15 % Fett)
1 mittelgroße Möhre (etwa 100 g)

PRO PORTION:

E: 22 g, F: 8 g, Kh: 21 g, kcal: 264

1. Für den Selleriestampf Knollensellerie und Kartoffeln schälen, abspülen, abtropfen lassen. Sellerie und Kartoffeln in etwa 5 cm große Würfel schneiden. Sellerie- und Kartoffelwürfel in einem Topf zum Kochen bringen, etwas Salz hinzufügen. Die Kartoffel- und Selleriewürfel zugedeckt in etwa 20 Minuten weich garen.

2. Inzwischen den Backofen und eine Auflaufform darin vorheizen. Ober-/Unterhitze: etwa 140 °C Heißluft: weniger geeignet

3. Für die Medaillons das Fleisch mit Küchenpapier abtupfen, nach Belieben zwischen zwei Lagen Frischhaltefolie leicht plattieren. Das Fleisch mit Salz und gemahlenem Pfeffer würzen und mit dem Sonnenblumenöl bestreichen.

4. Eine beschichtete Pfanne erhitzen, die Medaillons darin von beiden Seiten goldbraun anbraten. Dann in die vorgeheizte Auflaufform geben und in dem vorgeheizten Backofen **in 12–15 Minuten zartrosa fertig garen.**

5. In der Zwischenzeit Basilikum und Petersilie abspülen, trocken tupfen und die Blättchen von den Stängeln zupfen, Blättchen klein schneiden, nach Belieben Orangenschale untermischen.

6. Die gegarten Kartoffel- und Selleriewürfel abgießen. Kartoffeln und Sellerie mit einem Kartoffelstampfer grob zerdrücken, dabei nach und nach Kochsahne hinzugeben und alles zu einem cremigen Püree verarbeiten. Mit Salz und Pfeffer abschmecken.

7. Möhre putzen, schälen, abspülen, abtropfen lassen und grob raspeln. Die Medaillons kurz vor dem Servieren in der Kräutermischung wenden. Medaillons mit dem Selleriestampf und den Möhrenraspeln anrichten und servieren.

EXTRA-SLIM-TIPP:

Weitere Kalorien können Sie sparen, indem Sie den Stampf nicht mit Kochsahne zubereiten, sondern das aufgefangene Kochwasser nach und nach untermixen, bis der Stampf die richtige Konsistenz hat.

WURZEL-EINTOPF MIT FILET

ZUTATEN FÜR 4 PORTIONEN

2–3 Hähnchenbrustfilets
  (etwa 600 g)
2 EL Sonnenblumenöl
1 Zwiebel
1–1,2 l kräftige Hühner- oder
  Gemüsebrühe
2 kleine Lorbeerblätter
2 Pimentkörner
2 Gewürznelken
1 kleines Bund junge Möhren
  mit Grün (etwa 600 g)
1 Petersilienwurzel (möglichst mit
  Grün, etwa 125 g)
375 g Speiserüben,
  z. B. Pastinaken, Steckrübe
1 Stück Knollensellerie (etwa 250 g)
2 Stangen Staudensellerie
  (etwa 100 g)
1 kleines Bund gemischte Kräuter
  (Thymian, Rosmarin, Dill,
  Petersilie)
200 g Spätzle

PRO PORTION:

E: 47 g, F: 8 g, Kh: 52 g, kcal: 503

1. Hähnchenbrustfilets mit Küchenpapier abtupfen. Sonnenblumenöl in einem Topf erhitzen. Die Filets darin von allen Seiten goldbraun anbraten. Mit Salz und gemahlenem Pfeffer würzen. Filets aus dem Topf nehmen und zugedeckt beiseitelegen.

2. Zwiebel abziehen und in Spalten schneiden. Zwiebelspalten im verbliebenen Bratfett kräftig anrösten. Brühe hinzugießen und zum Kochen bringen. Lorbeerblätter, Pimentkörner und Gewürznelken hinzugeben.

3. Möhren, Petersilienwurzel, Rüben und Knollensellerie putzen, schälen, abspülen und abtropfen lassen. Staudensellerie putzen, abspülen und abtropfen lassen. Vorbereitetes Gemüse in mundgerechte Stücke schneiden.

4. Kräuter abspülen und trocken tupfen. Thymian, Rosmarin und die Hälfte der Petersilie in den Fond geben. Die Gemüsestücke hinzugeben, wieder zum Kochen bringen und bei schwacher Hitze etwa 10 Minuten kochen lassen.

5. In der Zwischenzeit die Spätzle in kochendem Salzwasser nach Packungsanleitung leicht bissfest garen, dabei gelegentlich umrühren.

6. Die beiseitegelegten Filets in den Eintopf legen und alles bei schwacher Hitze 6–8 Minuten kochen und gar ziehen lassen.

7. Von der restlichen Petersilie und dem Dill die Blättchen bzw. Spitzen von den Stängeln zupfen. Blättchen und Spitzen klein schneiden.

8. Die gegarten Spätzle in ein Sieb geben, kurz mit heißem Wasser abspülen und gut abtropfen lassen. Den Eintopf mit Salz und Pfeffer abschmecken. Evtl. Lorbeerblätter und die Kräuterstängel herausnehmen.

9. Filets aus dem Eintopf nehmen, in Scheiben schneiden und mit den Spätzle in vorgewärmten Tellern verteilen. Den heißen Eintopf hinzugießen. Mit Petersilie und Dill bestreut sofort servieren.

🕐 Zubereitungszeit: 25 Minuten,
ohne Durchziehzeit
Garzeit: etwa 35 Minuten
➕ Vegetarisch

ROSENKOHL-GRÜNKERN-SALAT

ZUTATEN FÜR 4 PORTIONEN

200 g Grünkern
1 ½ EL Instant-Gemüsebrühepulver

FÜR DAS DRESSING:

1 Schalotte
1 Knoblauchzehe
1 TL körniger Senf
3 EL Orangensaft (frisch gepresst
   oder aus der Flasche)
1 TL Honig
3 EL mildes Olivenöl
evtl. mildes Currypulver

750 g Rosenkohl
2 Zwiebeln
30 g getrocknete Tomatenhälften
   (in Öl)
2–3 EL mild-aromatischer Essig,
   z. B. Himbeeressig

PRO PORTION:

E: 13 g, F: 11 g, Kh: 47 g, kcal: 369

1. Grünkern in kaltem Wasser waschen, in ein Sieb geben, abspülen und abtropfen lassen. Etwa 650 ml Wasser und Brühepulver in einen Topf geben, zugedeckt aufkochen. Grünkern einstreuen, durchrühren. Grünkern bei schwacher Hitze mit halb geöffnetem Deckel etwa 35 Minuten köcheln lassen und garen.

2. Für das Dressing inzwischen Schalotte und Knoblauch abziehen, sehr fein würfeln. Senf, Orangensaft, Honig und 2 Esslöffel Öl gründlich verquirlen. Mit Salz, gemahlenem Pfeffer und nach Belieben etwas Curry abschmecken. Schalotten- und die Hälfte der Knoblauchwürfel unterrühren.

3. Rosenkohl putzen, abspülen, abtropfen lassen. In einem Topf etwa 300 ml Wasser zugedeckt zum Kochen bringen. ½ Teelöffel Salz und Rosenkohl zugeben, zugedeckt aufkochen lassen und 18–20 Minuten garen (der Rosenkohl sollte noch bissfest sein). Rosenkohl abtropfen und etwas abkühlen lassen. Die Rös-chen ja nach Größe evtl. halbieren und unter das Dressing mischen.

4. Zwiebeln abziehen und in Würfel schneiden. Die Tomaten abtropfen lassen und in Streifen schneiden. Grünkern abtropfen lassen. Restliches Öl in einer Pfanne erhitzen, Zwiebelwürfel darin braun braten. Grünkern und Tomaten zugeben. Mit Salz, gemahlenem Pfeffer und Essig abschmecken.

5. Grünkern und Rosenkohl mischen, etwa 30 Minuten durchziehen lassen. Den Salat nochmals mit Salz, Pfeffer und 1 Prise Curry abschmecken und auf Tellern anrichten.

🕐 Zubereitungszeit: 60 Minuten,
ohne Abkühlzeit
Garzeit: 55–65 Minuten
✚ Vegan

KÜRBISSALAT MIT GRÜNKOHLCHIPS

ZUTATEN FÜR 4 PORTIONEN

etwa 400 g geputzter, grob zer-
zupfter Grünkohl (300 g netto)

2 EL Pflanzenöl

1 mittelgroßer Kürbis,
z. B. Hokkaido oder Butternut
(etwa 1,2 kg brutto)

1 Knoblauchzehe

5 EL Olivenöl

200 g Räuchertofu

3 EL frisch gepresster Orangensaft

2 EL Sojasauce

1 TL Agavendicksaft

2 Lauchzwiebeln

PRO PORTION:

E: 10 g, F: 26 g, Kh: 17 g, kcal: 363

1. Den Backofen vorheizen.
Ober-/Unterhitze: etwa 140 °C
Heißluft: etwa 120 °C (wir empfehlen,
den Grünkohl bei Heißluft zu garen).

2. Grünkohlblättchen von den
groben Strünken zupfen. Blättchen
gründlich waschen, trocken schleudern und mit Küchenpapier gründlich trocken tupfen. Mit 2 Esslöffeln
Öl in einer Schüssel mischen, etwa
1 gestrichenen Teelöffel Salz gleich-
mäßig darüberstreuen. Blättchen auf
Backblechen (mit Backpapier belegt)
verteilen. Die Bleche mit maximalem
Abstand zueinander in den vorgeheizten Backofen einschieben (alternativ nacheinander auf einem Blech
garen). Grünkohl **etwa 25 Minuten
knusprig rösten.** Grünkohl nach
etwa 15 Minuten wenden. Grünkohlchips auskühlen lassen.

3. Inzwischen den Kürbis halbieren,
Kerne und Innenfasern entfernen.
Butternutkürbis schälen, Hokkaido
waschen und trocken reiben. Kürbis
in etwa 2 cm dicke Spalten schnei-
den. Knoblauch abziehen. 2 Esslöffel
Olivenöl, Salz und gemahlenen Pfef-
fer verquirlen. Knoblauch durch eine
Presse dazudrücken. Kürbis in einer
Auflaufform damit mischen.

4. Backofentemperatur erhöhen.
Ober-/Unterhitze: etwa 180 °C
Heißluft: etwa 160 °C

5. Den Kürbis im heißen Backofen
30–40 Minuten weich garen, dabei
gelegentlich wenden.

6. Räuchertofu in Streifen schneiden. Etwa 15 Minuten vor Ende der
Garzeit den Tofu unter die Kürbisspalten mischen und mitrösten.

7. Inzwischen Orangensaft, Sojasauce, Salz, Agavendicksaft, gemahlenen Pfeffer und restliches Öl zu
einem Dressing verquirlen.

8. Heißen Kürbis und Tofu in eine
Schüssel geben, mit dem Dressing
beträufeln und nach Belieben lauwarm oder ausgekühlt servieren.

9. Lauchzwiebeln putzen, ab-
spülen, abtropfen lassen und in
Scheiben schneiden. Unter den
Kürbis mischen, mit Salz und Pfeffer
abschmecken. Kürbissalat mit den
Grünkohlchips auf Tellern anrichten.

GRÜNKOHL MIT METTWÜRSTCHEN

ZUTATEN FÜR 4 PORTIONEN

FÜR DEN GRÜNKOHL:

1 ½ kg Grünkohl

2 Zwiebeln

3 Esslöffel Speiseöl, z. B. Sonnen-
blumen- oder Rapsöl, oder 30 g
Gänseschmalz

400 ml Rinderbrühe

2 Teelöffel Senf

FÜR DAS GRÜNKOHLGERICHT:

4 Mettwürstchen

4 Scheiben Kasseler

24 kleine Pellkartoffeln (vom Vortag)

4 EL Speiseöl

mittelscharfer Senf

2 EL Butter

PRO PORTION:

E: 62 g, F: 72 g, Kh: 36 g, kcal: 1049

1. Für den Grünkohl 4 Liter Wasser in einem großen Topf zum Kochen bringen. 4 gestrichene Teelöffel Salz hinzufügen. In der Zwischenzeit vom Grünkohl welke oder fleckige Blätter und die Blattrippen entfernen. Den Grünkohl gründlich waschen, abtropfen lassen und fein hacken. Grünkohl portionsweise in das kochende Salzwasser geben, wieder zum Kochen bringen und 1–2 Minuten blanchieren. Anschließend kurz in kaltem Wasser abschrecken und in einem Sieb abtropfen lassen.

2. Zwiebeln abziehen und würfeln. Speiseöl oder Gänseschmalz in einem Topf erhitzen. Die Zwiebelwürfel darin unter Rühren andünsten. Grünkohl hinzufügen und die Brühe hinzugießen, mit Salz und gemahlenem Pfeffer würzen. Senf unterrühren. Grünkohl zum Kochen bringen und zugedeckt etwa 30 Minuten bei schwacher Hitze kochen, dabei gelegentlich umrühren.

3. Die Mettwürstchen rundherum mehrfach mit einer Gabel einstechen und zum Grünkohl geben (so gart die Wurst schneller, das Fett tritt aus und würzt den Kohl). Die Zutaten zum Kochen bringen und zugedeckt bei schwacher bis mittlerer Hitze etwa 20 Minuten kochen. Nach etwa 10 Minuten Garzeit die Kasseler-scheiben zum Grünkohl in den Topf geben und alles fertig garen.

4. In der Zwischenzeit Kartoffeln pellen. Speiseöl in einer Pfanne erhitzen. Die gepellten Kartoffeln darin von allen Seiten in etwa 10 Minuten goldbraun braten.

5. Mettwürstchen und Kasseler-scheiben aus dem Topf nehmen. Den Grünkohl nach Belieben mit Salz, gemahlenem Pfeffer, 1 Prise Zucker und Senf abschmecken. Die Butter mit 1 Prise Zucker zu den gerösteten Kartoffeln geben.

6. Grünkohl mit Mettwürstchen, Kasseler und Röstkartoffeln auf 4 Tellern anrichten.

TIPPS:

Grünkohl kann sehr gut in größeren Mengen zubereitet und portionsweise eingefroren werden. Er kann auch blanchiert und gehackt zur späteren Verwendung eingefroren werden. Den Grünkohl durch Zugabe von 2–4 Esslöffeln Haferflocken (Instant) binden.

COLESLAW MIT FRUCHTIGSCHARFEN GARNELEN

ZUTATEN FÜR 4 PORTIONEN

2 Fenchelknollen (etwa 600 g)

200 g Rotkohl

75 ml Grapefruitsaft

2 EL süßer Senf

1 EL scharfes Currypulver

1 EL brauner Zucker

2–3 Stängel Dill

200 g Mango-Fruchtfleisch

4 EL Olivenöl

je 1 Bio-Orange und Bio-Zitrone
   (unbehandelt, ungewachst)

16 aufgetaute TK-Garnelen
(ohne Kopf und Schale, entdarmt,
   je etwa 20 g)

1 TL Chiliflocken

50 g Gemüsechips

PRO PORTION:

E: 19 g, F: 16 g, Kh: 27 g, kcal: 353

1. Fenchel putzen, abspülen, abtropfen lassen und vierteln. Rotkohl putzen, evtl. vierteln und den Strunk herausschneiden. Rotkohl abspülen und abtropfen lassen. Fenchel und Rotkohl in sehr dünne Streifen hobeln oder schneiden und in eine Schüssel geben.

2. Den Grapefruitsaft mit Senf verrühren, mit Curry, Zucker und Salz würzen. Grapefruitdressing unter die Fenchel- und Rotkohlstreifen mischen und dann mit den Händen kräftig durchkneten.

3. Dill abspülen, trocken tupfen und die Spitzen von den Stängeln zupfen, Spitzen sehr fein schneiden. Mango-Fruchtfleisch in kleine Stücke schneiden, mit Dill und 2 Esslöffeln Olivenöl zu der Fenchel-Rotkohl-Mischung geben und untermengen.

4. Orange und Zitrone heiß abwaschen, abtrocknen und mit einem Zestenreißer Orangen- und Zitronenzesten abziehen, einige Zesten zum Garnieren beiseitelegen. Orange und Zitrone halbieren und jeweils den Saft auspressen.

5. Die Garnelen mit Küchenpapier abtupfen. Restliches Olivenöl in einer Pfanne erhitzen. Die Garnelen darin von beiden Seiten anbraten. Orangen-, Zitronenzesten und Chiliflocken hinzugeben, mit Salz würzen und den Orangensaft hinzugießen. Garnelen unter Wenden 3–4 Minuten garen.

6. Coleslaw mit 2–3 Esslöffeln von dem Zitronensaft abschmecken, mit Garnelen anrichten, mit beiseitegelegten Orangen- und Zitronenstreifen garnieren und mit Gemüsechips servieren.

KRAUTSALAT

ZUTATEN FÜR 4–6 PORTIONEN

500–750 g Weißkohl

150 g Gemüsezwiebeln

½ TL Kümmelsamen

2–3 EL Speiseöl, z. B. Sonnenblumen-
oder Rapsöl

75 g Speckwürfel

2–3 EL Weißweinessig

½ TL Selleriesalz

1 TL ger. Meerrettich (aus dem Glas)

PRO PORTION:

E: 4 g, F: 8 g, Kh: 8 g, kcal: 120

1. Von dem Weißkohl die äußeren Blätter entfernen. Den Kohl vierteln und den Strunk herausschneiden. Den Kohl in feine Streifen schneiden oder hobeln, abspülen und abtropfen lassen. Zwiebeln abziehen und in feine Streifen schneiden. Kohl- und Zwiebelstreifen in eine große Schüssel geben. Kümmel mit einigen Tropfen Speiseöl auf einem Brett grob hacken (Hinweis: Das Öl dient dazu, dass der Kümmel beim Hacken nicht wegspringt).

2. Von dem Speiseöl 1 Esslöffel in einer Pfanne erhitzen. Die Speckwürfel darin knusprig braten, herausnehmen, auf Küchenpapier abtropfen lassen.

3. Für die Marinade restliches Speiseöl, Essig, Selleriesalz, ½ gestrichenen Teelöffel Salz, ¼ Teelöffel gemahlenen Pfeffer, ½–1 Esslöffel Zucker, Kümmel und Meerrettich in einen Topf geben. Die Zutaten unter Rühren aufkochen.

4. Die heiße Marinade über den Weißkohlsalat geben und gut untermischen. Den Salat etwa 1 Stunde durchziehen lassen.

5. Den Salat vor dem Servieren mit Salz, Pfeffer, Meerrettich und Zucker abschmecken, mit den Speckwürfeln bestreut servieren.

TIPPS:

Zum Krautsalat schmeckt gebratener Fleischkäse.
Sie können den Salat bereits einen Tag vor dem Verzehr zubereiten. Wenn Sie den Krautsalat durchkneten, wird er noch weicher und zieht besser durch.
Für einen vegetarischen Krautsalat den Speck weglassen. Dafür 2 Esslöffel Sonnenblumenkerne in einer Pfanne ohne Fett unter Wenden rösten und daraufstreuen.

CHICORÉE IM SCHINKENMANTEL

ZUTATEN FÜR 4 PORTIONEN

4 große Chicorée
4 Scheiben Kochschinken
150 g Crème fraîche
150 g Joghurt (3,5 % Fett)
200 g Sahne-Schmelzkäse
ger. Muskatnuss
50 g geraspelter Gratinkäse
    oder Gouda

PRO PORTION:

E: 23 g, F: 34 g, Kh: 10 g, kcal: 436

1. Den Backofen vorheizen.
Ober-/Unterhitze: etwa 180 °C
Heißluft: etwa 160 °C

2. Vom Chicorée die äußeren Blätter
entfernen. Chicorée längs halbieren,
abspülen und abtropfen lassen. Die
Strünke keilförmig so herausschneiden, dass die Chicoréeblätter noch
zusammenhalten.

3. Schinkenscheiben halbieren, je
1 Schinkenhälfte um 1 Chicoréehälfte
legen und in eine flache Auflaufform
(gefettet) geben.

4. Crème fraîche und Joghurt unter
Rühren in einem Topf erhitzen.
Schmelzkäse hinzugeben und unter
Rühren darin schmelzen.

5. Die Sauce mit Salz, gemahlenem
Pfeffer und Muskat würzen, über die
Chicoréehälften geben. Mit dem ge-
raspelten Käse bestreuen. Die Form
auf dem Rost in den vorgeheizten
Backofen (unteres Drittel) schieben.
Den Chicorée **etwa 30 Minuten
garen.**

BEILAGE:

Kleine Kartoffeln, Baguette oder
Reis.

TIPP:

Servieren Sie den Chicorée im Schin-
kenmantel nach Belieben mit einigen
roten Paprikawürfeln bestreut und
mit Kräuterblättchen garniert.

PASTA MIT RADICCHIO UND CHICORÉE

ZUTATEN FÜR 2 PORTIONEN

150 g Pasta, z.B. Penne

1 großer Kopf Radicchio (etwa 300 g)

2 Chicorée (je etwa 160 g)

1 rosa Grapefruit

3–4 EL Olivenöl

grob geschroteter Chili oder
Cayennepfeffer

3 EL Limettensaft (frisch gepresst
oder aus dem Fläschchen)

250 g geräucherte Meer- oder
Bachforellenfilets

2 EL gehackter Dill (frisch oder TK)

PRO PORTION:

E: 39 g, F: 20 g, Kh: 65 g, kcal: 631

1. Wasser in einem großen Topf zugedeckt zum Kochen bringen. Dann Salz und Nudeln zugeben. Die Nudeln im geöffneten Topf bei mittlerer Hitze nach Packungsanleitung bissfest garen, dabei gelegentlich umrühren.

2. In der Zwischenzeit Radicchio und Chicorée putzen, abspülen und abtropfen lassen. Radicchio und Chicorée halbieren, die Strunkansätze herausschneiden. Radicchio und Chicorée in Streifen schneiden. Grapefruit dick schälen, sodass die weiße Haut mit entfernt wird. Filets zwischen den Trennhäuten herauslösen.

3. Einen Esslöffel Öl in einer beschichteten Pfanne erhitzen. Die Salatstreifen darin kurz knackig anbraten. Mit Salz, gemahlenem Pfeffer und Chili oder Cayennepfeffer nach Geschmack würzen.

4. Gegarte Nudeln abgießen, dabei etwa 3 Esslöffel Nudelkochwasser auffangen. Limettensaft und Nudeln mit in die Pfanne geben und alles durchschwenken. Mit Salz, Pfeffer und 1 Prise Zucker würzen. Restliches Öl, Nudelkochwasser und Grapefruitfilets zugeben, nochmals durchschwenken.

5. Forellenfilets in Stücke teilen, im Dill wenden. Nudeln, Gemüse und Fischstücke auf Tellern anrichten.

FELDSALAT MIT MAIS-CHILI-PUFFERN

ZUTATEN FÜR 2 PORTIONEN

1 ½ EL Sonnenblumenöl

4 Scheiben Bacon (Frühstücksspeck, in feinen Scheiben; aus dem Kühlregal)

50 g Weizenmehl

1 gestr. TL Backpulver

100 g feines Maismehl

120 ml Buttermilch

1 Ei (Größe M)

etwas Tabasco

80 g abgetropfter Gemüsemais (aus der Dose)

4 EL Orangensaft, z. B. Direktsaft aus dem Kühlregal

½ TL milder Senf

2 EL Olivenöl

2 EL Röstzwiebeln (aus der Packung)

75–100 g Feldsalat

PRO PORTION:

E: 18 g, F: 36 g, Kh: 66 g, kcal: 678

1. Einen Teelöffel Sonnenblumenöl in einer beschichteten Pfanne erhitzen. Baconscheiben hineinlegen und von beiden Seiten knusprig braten.

2. Mehl, Backpulver und Maismehl mischen. Buttermilch und Ei in einem hohen Mixbecher verquirlen. Mehlmischung, ½ Teelöffel Salz, etwas gemahlenen Pfeffer und Tabasco zugeben. Maiskörner zugeben. Alles mit dem Pürierstab kurz durchmixen, bis alles gut gemischt ist. Kurz quellen lassen.

3. Baconscheiben auf Küchenpapier abtropfen lassen.

4. Bratfett in der Pfanne mit Orangensaft ablöschen. Salz, Pfeffer, Senf und Öl unterschlagen. Dressing in eine Salatschüssel geben.

5. Pfanne mit Küchenpapier auswischen.

6. Zwiebeln unter den Puffer-Teig rühren. Restliches Sonnenblumenöl in der Pfanne erhitzen. Den Teig esslöffelweise ins heiße Fett geben, daraus goldbraune Puffer backen.

7. Feldsalat verlesen. Wurzelansätze abschneiden. Feldsalat gründlich waschen und trocken schleudern. Salat und Dressing mischen. Bacon zerbröseln, darüberstreuen. Salat auf Tellern anrichten. Puffer direkt aus der Pfanne dazu servieren.

🕐 Zubereitungszeit: 50 Minuten
➕ Vegetarisch

KARTOFFELRÖSTI MIT PFEFFERBIRNE, KÄSE UND FELDSALAT

ZUTATEN FÜR 4 PORTIONEN

40 g Walnusskerne
160 g Feldsalat
4 EL Rotweinessig
2 EL Walnussöl
14 EL Sonnenblumenöl (140 ml)
8 EL Gemüsebrühe
600 g festkochende Kartoffeln
ger. Muskatnuss
2 reife Williams-Christ-Birnen
    (je etwa 200 g)
20 g Butter
2 EL flüssiger Honig
200 g Blauschimmel-Käse,
    ohne tierisches Lab

PRO PORTION:

E: 15 g, F: 67 g, Kh: 36 g, kcal: 826

1. Die Walnusskerne grob hacken und in einer Pfanne ohne Fett unter Wenden goldbraun rösten.

2. Feldsalat putzen, abspülen und trocken tupfen oder -schleudern. Essig mit Walnussöl, 2 Esslöffeln Sonnenblumenöl, Gemüsebrühe, Salz, gemahlenem schwarzen Pfeffer und 1 Teelöffel Zucker verrühren.

3. Den Backofen vorheizen. Ober-/Unterhitze: etwa 80 °C

4. Kartoffeln schälen, abspülen, abtropfen lassen und in feine Streifen schneiden oder hobeln. Die Kartoffeln mit Salz und Muskat würzen.

5. Aus der Kartoffelmasse 4 Rösti backen. Für jede Rösti 2 Esslöffel Sonnenblumenöl in einer Pfanne (Ø 20 cm) erhitzen. Ein Viertel der Kartoffelmasse in der Pfanne verteilen. Den Rand mit einem Esslöffel nachformen.

6. Die Rösti von jeder Seite bei mittlerer Hitze goldbraun und knusprig braten. Dabei nach dem Wenden nochmals 1 Esslöffel Sonnenblumenöl hinzugeben. Die fertigen Rösti auf ein Backblech (mit Backpapier gelegt) legen. Das Backblech in den vorgeheizten Backofen schieben, die Rösti warm halten.

7. Die Birnen schälen, längs halbieren, Kerngehäuse entfernen.

8. Butter in einer Pfanne zerlassen. Die Birnenhälften darin bei mittlerer Hitze von allen Seiten leicht braun anbraten und mit reichlich grob gemahlenem Pfeffer würzen. Den Honig hinzugeben, Birnenhälften kurz glasieren.

9. In der Zwischenzeit Feldsalat mit der Vinaigrette vermischen.

10. Die Rösti auf vorgewärmten Tellern anrichten. Den Käse in 8 dünne Scheiben schneiden und mit den warmen Birnenhälften darauf verteilen. Den Feldsalat mit Walnusskernen bestreuen und dazu servieren.

WINTERSALATE MIT BIRNEN UND WALNUSSKERNEN

ZUTATEN FÜR 4 PORTIONEN

1 Kopf Radicchio

2 Chicorée

1 kleiner Kopf Friséesalat

200 g Feldsalat

2 Birnen

20 rote Weintrauben

80 g Walnusskernhälften

3 EL Himbeeressig

1 TL körniger Senf

1 EL flüssiger Honig

6 EL Olivenöl

200 g Gorgonzola-Mascarpone
   (aus dem Kühlregal)

PRO PORTION:

E: 8 g, F: 50 g, Kh: 21 g, kcal: 577

1. Radicchio und Chicorée putzen, vierteln, abspülen, trocken tupfen und grob zerschneiden. Friséesalat putzen, abspülen und trocken tupfen. Feldsalat verlesen, Wurzelansätze abschneiden. Feldsalat mehrmals gründlich waschen, trocken tupfen oder trocken schleudern. Friséesalat in mundgerechte Stücke zupfen.

2. Die Birnen abspülen, abtrocknen, vierteln und entkernen. Birnenviertel mit der Schale in Spalten schneiden. Weintrauben abspülen, trocken tupfen und entstielen. Weintrauben halbieren.

3. Die Walnusskerne in einer Pfanne ohne Fett unter Wenden rösten, bis sie anfangen zu duften. Walnusskerne grob hacken.

4. Für die Sauce Himbeeressig mit Senf und Honig verrühren, mit Salz und gemahlenem Pfeffer würzen, Olivenöl unterschlagen.

5. Den vorbereiteten Salat in eine große Schüssel geben. Mit Salz und Pfeffer würzen und mit dem Dressing vermischen. Birnenspalten, Weintraubenhälften und Walnusskerne unterheben. Den Salat auf 4 Tellern verteilen.

6. Mit einem Löffel jeweils ein Stück Gorgonzola- Mascarpone daraufgeben und sofort servieren.

FELDSALAT

Feldsalat, auch Ackersalat oder Rapunzel genannt, ist ein Herbst- und Wintersalat, der wegen seines nussigen Geschmacks und seines hohen Gehaltes an Beta-Carotin und Eisen geschätzt wird. Er sollte sofort nach dem Ernten zubereitet werden.

PASTINAKEN-MEERRETTICH-SUPPE

ZUTATEN FÜR 2 PORTIONEN

2 TL Sonnenblumenöl

4 Scheiben magerer, geräucherter
   Schinken (etwa 50 g),
   z. B. Schwarzwälder-Schinken

2 Zwiebeln

400 g Pastinaken

200 g mehligkochende Kartoffeln

3 Stängel frischer Thymian

600 ml Gemüsebrühe

100 g Sahne zum Kochen (7 % Fett)

1 kleines Stück frischer Meerrettich
   (ersatzweise etwa 3 EL Meerrettich
   aus dem Glas)

PRO PORTION:

E: 12 g, F: 11 g, Kh: 37 g, kcal: 302

1. Sonnenblumenöl in einem Topf
erhitzen. Die Schinkenscheiben
hineinlegen und bei mittlerer Hitze
von beiden Seiten kross braten,
herausnehmen, auf Küchenpapier
abtropfen und erkalten lassen.

2. In der Zwischenzeit die Zwiebeln abziehen und in kleine Würfel
schneiden. Pastinaken putzen,
schälen, abspülen und abtropfen
lassen. Kartoffeln schälen, abspülen,
abtropfen lassen. Pastinaken und
Kartoffeln in etwa gleich große Stücke (etwa 2 cm) schneiden. Thymian
abspülen und trocken tupfen.

3. Die Zwiebelwürfel in dem Topf im
verbliebenen Bratfett braun anbraten. Dann Pastinaken- und Kartoffelstücke hinzugeben. Die Zutaten mit
etwas Salz, gemahlenem Pfeffer und
2 Stängeln Thymian würzen. Brühe
hinzugießen und zugedeckt zum Kochen bringen. Die Suppe zugedeckt
bei schwacher Hitze 10–12 Minuten
kochen lassen.

4. Thymianstängel aus der Suppe
entfernen. Die Zutaten in der Brühe
vorsichtig mit einem Pürierstab fein
pürieren. Sahne hinzugießen und
nochmals kurz unter Rühren aufkochen lassen. Die Suppe mit Salz und
Pfeffer abschmecken.

5. Von dem restlichen Thymian
die Blättchen abzupfen. Meerrettich schälen und grob raspeln. Die
gebratenen Schinkenscheiben grob
zerbröseln. Die Suppe mit Thymianblättchen, Schinken und Meerrettich
anrichten.

Zubereitungszeit: 50 Minuten
+ Vegetarisch
▲ Mit Alkohol

MEERRETTICHSUPPE MIT APFELSPALTEN UND SIRUP

ZUTATEN FÜR 4 PORTIONEN

50 g frischer Ingwer
60 g Zucker
80 g Butter
300 ml naturtrüber Apfelsaft
10 Wacholderbeeren
5 Pimentkörner
200 ml Weißwein
400 ml Gemüsefond
125 g Schalotten
350 g Schlagsahne
50 g frischer Meerrettich
2 Äpfel (je etwa 150 g)

PRO PORTION:

E: 4 g, F: 53 g, Kh: 39 g, kcal: 677

1. Den Ingwer schälen und sehr klein würfeln. Zucker in einem kleinen Topf bei mittlerer Hitze goldbraun schmelzen lassen. 20 g Butter hinzugeben und kurz aufschäumen lassen, die Ingwerwürfel unterrühren. 100 ml Apfelsaft hinzugießen, zum Kochen bringen und etwa 5 Minuten sirupartig einkochen lassen. Den Topf von der Kochstelle nehmen und beiseitestellen.

2. Die Wacholderbeeren und Pimentkörner im Mörser grob zerstoßen, mit Weißwein, restlichem Apfelsaft und Gemüsefond in einem Topf zum Kochen bringen und etwas einkochen lassen.

3. Die Schalotten abziehen und fein würfeln. 40 g von der restlichen Butter in einem Topf zerlassen. Schalottenwürfel darin andünsten. 250 g Sahne und eingekochten Apfel-Gemüse-Fond durch ein Sieb hinzugießen. Mit Salz und etwas gemahlenem schwarzen Pfeffer würzen. Die Zutaten zum Kochen bringen und etwa 10 Minuten kochen lassen.

4. In der Zwischenzeit Meerrettich schälen und fein reiben. Restliche Sahne halbsteif schlagen und in den Kühlschrank stellen. Äpfel schälen, vierteln, Kerngehäuse entfernen und die Viertel in Spalten schneiden. Die Apfelspalten in der restlichen Butter in einer Pfanne bei schwacher bis mittlerer Hitze von beiden Seiten kurz braten.

5. Von dem geriebenen Meerrettich 2 Esslöffel abnehmen und zum Garnieren beiseitestellen. Restlichen Meerrettich zu der Suppe in den Topf geben und ganz kurz mit aufkochen lassen. Die geschlagene Sahne hinzugeben. Die Suppe mit einem Pürierstab schaumig mixen. Den Topf von der Kochstelle nehmen.

6. Die gebratenen Apfelspalten in vorgewärmten Tellern verteilen und mit der Suppe auffüllen. Mit dem Ingwer-Sirup beträufeln und mit dem beiseitegestellten Meerrettich bestreuen.

ROTE-BETE-SALAT
MIT WALNUSS UND FETA

ZUTATEN FÜR 4 PORTIONEN

1 kg Rote-Bete-Knollen
40 g Butter oder Margarine
250 ml Gemüsebrühe
6 EL Olivenöl
75 g Walnusskernhälften
4 EL Zitronensaft
1 EL Kreuzkümmel (Cumin), ganz
1 TL Chiliflocken
1 kleiner Granatapfel
20 Minzeblättchen
150 g Fetakäse

PRO PORTION:

E: 12 g, F: 36 g, Kh: 24 g, kcal: 483

1. Rote Bete unter fließendem kalten Wasser gründlich abbürsten, schälen (am besten mit Gummihandschuhen, da die Rote Bete stark färbt), abspülen, abtropfen lassen und in dickere Stifte schneiden.

2. Butter oder Margarine in einem Topf zerlassen. Die Rote-Bete-Stifte darin unter Rühren kurz dünsten. Mit Salz und gemahlenem Pfeffer würzen. Gemüsebrühe hinzugießen. Rote Bete zugedeckt 10–15 Minuten bei schwacher Hitze garen, dabei gelegentlich umrühren. Rote Bete in eine Schüssel geben und etwas abkühlen lassen.

3. Einen Esslöffel Olivenöl in einer Pfanne erhitzen. Die Walnusskernhälften darin unter Wenden goldbraun rösten und auf einem Teller erkalten lassen. Walnusskernhälften grob hacken.

4. Zitronensaft, restliches Olivenöl, Kreuzkümmel und Chiliflocken unter die Rote Bete mischen, mit Salz würzen. Rote Bete etwa 20 Minuten durchziehen lassen.

5. Granatapfel aufbrechen, die Kerne herauslösen und von den hellen Häuten trennen. Minzeblättchen abspülen, trocken tupfen und grob zerschneiden. Fetakäse grob zerbröseln.

6. Den Rote-Bete-Salat mit Walnusskernen, Fetabröseln, Granatapfel und Minze bestreuen und servieren.

BEILAGE:
Geröstetes Fladenbrot.

⏱ Zubereitungszeit: 20 Minuten
   Garzeit: etwa 30 Minuten
✚ Vegetarisch

ROTE-BETE-GEMÜSE

ZUTATEN FÜR 4 PORTIONEN

750 g Rote-Bete-Knollen
400 g Gemüsezwiebeln
40 g Butter oder Margarine
250 ml Gemüsebrühe
150 g Crème fraîche
2 EL Schnittlauchröllchen

PRO PORTION:

E: 4 g, F: 20 g, Kh: 17 g, kcal: 266

1. Rote Bete unter fließendem kalten Wasser gründlich abbürsten, schälen (am besten mit Gummihandschuhen, da die Rote Bete stark färbt), abspülen, abtropfen lassen und in dünne Scheiben schneiden. Große Scheiben halbieren oder vierteln. Die Gemüsezwiebeln abziehen und in Scheiben schneiden.

2. Butter oder Margarine in einem Topf zerlassen. Die Rote-Bete- und Zwiebelscheiben darin unter Rühren kurz dünsten. Mit Salz und gemahlenem Pfeffer würzen. Gemüsebrühe hinzugießen. Gemüse zugedeckt etwa 30 Minuten bei schwacher Hitze garen, dabei gelegentlich umrühren.

3. Das Rote-Bete-Gemüse in einer Schale oder auf einer Platte anrichten. Crème fraîche auf das Gemüse geben und mit Schnittlauchröllchen bestreut servieren.

TIPP:

Rote-Bete-Gemüse mit Kräuter- oder Meerrettichquark servieren.

ROTE-BETE-APFEL-GRATIN

ZUTATEN FÜR 4 PORTIONEN

1 kg Rote Bete

40 g Butter

250 ml Gemüsebrühe

2 Äpfel, z.B. Boskop (etwa 500 g)

250 g Crème fraîche

2 geh. EL scharf-würziger Meerrettich (aus dem Glas)

Saft von ½ Zitrone

80 g Butter

100 g gehobelte Haselnusskerne

100 g Panko (asiatische Semmelbrösel)

2 EL klein geschnittene Petersilie

PRO PORTION:

E: 13 g, F: 53 g, Kh: 53 g, kcal: 757

1. Den Backofen vorheizen.
Ober-/Unterhitze: etwa 220 °C
Heißluft: etwa 200 °C

2. Rote Bete gründlich waschen,
schälen (am besten mit Gummihandschuhen, da die Rote Bete sehr stark
färbt), in Spalten schneiden, Butter
in einem Topf zerlassen, Rote-Be-
te-Scheiben darin andünsten, mit
Salz und gemahlenem Pfeffer würzen.
Gemüsebrühe hinzugießen, zum
Kochen bringen und Rote Bete etwa
15 Minuten bei schwacher Hitze
dünsten.

3. Die Äpfel schälen, vierteln und
entkernen. Apfelviertel ebenfalls in
Spalten schneiden. Rote Bete und
Apfelspalten in einer Schüssel vermischen. Mit Salz und Pfeffer würzen.

4. Crème fraîche mit Meerrettich
und Zitronensaft verrühren, mit der
Roten Bete und den Apfelspalten
mischen und in einer Auflaufform
(gefettet) verteilen.

5. Die Butter zerlassen, Haselnusskerne, Panko und Petersilie untermischen. Mit Salz und gemahlenem
Pfeffer würzen und auf der Rote-Be-
te-Apfel-Mischung verteilen.

6. Die Form auf dem Rost in den
vorgeheizten Backofen schieben.
Rote-Bete-Apfel-Gratin **etwa 15 Minuten überbacken.**

TIPPS:

Panko sind asiatische Semmelbrösel
aus krustenlosem Weißbrot. Diese
sind heller und luftiger als handelsübliche Semmelbrösel. Panko
bekommen Sie im Asialaden.
Sie können statt Panko aber auch
handelsübliche Semmelbrösel verwenden.
Hübsch sieht es aus, wenn Sie das
Rote-Bete-Apfel-Gratin mit zusätzli-
chen Petersilienblättchen garnieren.
Anstelle von Haselnusskernen
können Sie auch Walnüsse verwenden. Hacken Sie diese zuvor in kleine
Stücke.

ROTE BETE

Vor allem im Winter werden die rundlichen Rüben geerntet. Es ist zwar etwas aufwendiger, die
Rüben frisch zuzubereiten, aber nicht so schwie-
rig wie oft angenommen. Die gegarten Rote-Bete-Knollen können zu Salaten, Gemüsebeilagen
und sauer Eingelegtem verarbeitet werden.

GEMÜSE-PICCATA MIT TOMATENSAUCE

ZUTATEN FÜR 8 PORTIONEN

FÜR DIE GEMÜSE-PICCATA:

1 Knollensellerie (etwa 300 g)
1 Kohlrabi (etwa 250 g)
1 Rote Bete (etwa 250 g)
3 Eier (Größe M)
100 g ger. Parmesan
60 g Weizenmehl
4 EL Speiseöl, z. B. Rapsöl

FÜR DIE TOMATENSAUCE:

3 Fleischtomaten
1 kleine Zwiebel
1 Knoblauchzehe
3 EL Olivenöl
1 TL grüne Pfefferkörner
etwas gerebelter Thymian

PRO PORTION:

E: 7 g, F: 13 g, Kh: 9 g, kcal: 179

1. Für die Gemüse-Piccata Sellerie und Kohlrabi putzen, schälen, abspülen, abtropfen lassen und in etwa ½ cm dicke Scheiben schneiden. Rote Bete gründlich waschen, schälen, abspülen, abtropfen lassen und ebenfalls in dünne Scheiben schneiden.

2. Die vorbereiteten Gemüsescheiben getrennt in kochendem Salzwasser 5–10 Minuten (je nach Gemüsesorte) vorgaren, in ein Sieb geben, mit kaltem Wasser abschrecken und abtropfen lassen.

3. Eier in einer Schüssel verschlagen, Parmesan unterrühren. Mehl in einen tiefen Teller geben. Die Gemüsescheiben mit Salz und gemahlenem Pfeffer bestreuen. Gemüsescheiben zuerst in Mehl wenden, dann durch die Eier-Käse-Masse ziehen und am Schüsselrand abstreifen.

4. Das Speiseöl in einer großen Pfanne erhitzen. Gemüsescheiben darin etwa 10 Minuten bei schwacher Hitze von beiden Seiten goldbraun braten, herausnehmen und warm stellen.

5. In der Zwischenzeit für die Sauce die Tomaten kreuzweise einschneiden und mit kochendem Wasser übergießen. Nach 1–2 Minuten herausnehmen und mit kaltem Wasser abschrecken. Tomaten enthäuten, halbieren, entkernen und die Stängelansätze herausschneiden. Tomatenhälften in kleine Würfel schneiden. Zwiebel und Knoblauch abziehen und klein würfeln.

6. Olivenöl in einem Topf erhitzen. Die Zwiebel- und Knoblauchwürfel darin andünsten, die Tomatenwürfel unterheben, mit Salz, gemahlenem Pfeffer, Pfefferkörnern und Thymian würzen. Die Sauce unter Rühren aufkochen lassen. Die Gemüse-Piccata mit der Sauce servieren.

TIPP

Die Piccata nach Belieben mit Thymianzweigen garnieren.

REGISTER NACH GEMÜSE, OBST UND KRÄUTERN

REZEPT-REGISTER

Bei Fragen oder Anregungen wenden Sie sich bitte an folgende Telefonnummer
+49 (0) 89-5482515-0 oder an kontakt@zsverlag.de.
© 2021 ZS Verlag GmbH
Kaiserstraße 14 b
D-80801 München
ISBN: 978-3-7670-1824-2
1. Auflage 2021

Projektleitung: Carola Reich
Redaktion: Annette Riesenberg
Text: Klaus Schäfer, Bonn
Lektorat: Susanne Noll, Hennef
Rezeptentwicklung:
Susanne Raht, Hamburg
Nährwertberechnungen:
Nutri Service, Hennef,
Angelika Ilies, Langen

Fotografien im Ratgeberteil:
alle © StockFood
Rob Whitrow (S. 5);
Dr. Karen Meyer-Rebentisch (S. 6);
Lori Rice (S. 7); Photo Cuisine (S. 8);
The Picture Pantry (S. 11)

Foodfotografie:
Walter Cimbal, Hamburg (S. 51);
Eising Studio Photo und Video, München (S. 45, 55, 59, 76, 79, 104, 109, 151, 179, 180, 186);
Kramp + Gölling, Reeßum-Platenhof (S. 15);
Studio Diercks Media GmbH (Kai Boxhammer, Silje Paul), Hamburg (S. 14, 19, 22, 24, 25, 27, 29, 31, 33, 34, 35, 37, 39, 40, 41, 43, 46, 47, 48, 54, 56, 57, 58, 60, 61, 63, 65, 66, 67, 69, 71, 72, 73, 75, 77, 81, 82, 83, 84, 85, 92, 95, 97, 99, 101, 103, 105, 108, 110, 111, 115, 117, 118, 124, 125, 127, 129, 131, 133, 135, 136, 139, 141, 143, 145, 147, 149, 152, 153, 157, 159, 161, 165, 167, 172, 173, 174, 175, 177, 178, 183, 184, 187, 189, 191);
StockFood Studios / Meike Bergmann (S. 49, 89, 155, 169, 176);
Antje Plewinski, Berlin (S. 21, 23, 87, 91, 93, 107, 121, 123, 142, 150, 171, 181, 185);
Winkler Studios, Bremen (S. 32)

Gemüse- und Obst-Illustrationen:
© StockFood / TongRo;
© Shutterstock (Daria Ustiugova, Olesya Turchuk, Orange Sun, Sonya illustration, Tina Bits, nld, Irina Vaneeva, Color Brush, Jane Rix, P.S.Art-Design-Studio, Ann Merrow, Julia Poleeva, Nadezhda Shoshina, Galyna Gryshchenko, Plateresca, Any_Li)

Wischerflächen/Hintergründe:
© PantherMedia / AlexVector

Titelgestaltung, Layout und Satz:
Büro 18, Friedberg (Bay.)
Producing: Jan Russok
Herstellung: Frank Jansen
Druck und Bindung:
Firmengruppe Appl, aprinta druck, Wemding

Die Bücher und E-Books unter der Marke Dr. Oetker Verlag erscheinen als Lizenz in der ZS Verlag GmbH.
redaktion-oetker@zsverlag.de
www.facebook.de/Dr.OetkerVerlag

ZS Verlag – Ein Verlag der Edel Verlagsgruppe
www.zsverlag.de
www.facebook.de/zs-verlag

Alle Rechte vorbehalten. All rights reserved. Das Werk darf – auch teilweise – nur mit Genehmigung des Verlags wiedergegeben werden.
Die Autoren haben dieses Buch nach bestem Wissen und Gewissen erarbeitet. Alle Rezepte, Tipps und Ratschläge sind mit Sorgfalt ausgewählt und geprüft.